DISCLAIMER

The author and publisher are providing this book and its contents on an "as is" basis and make no representations or warranties of any kind with respect to this book or its contents. The author and publisher disclaim all such representations and warranties, including but not limited to warranties of merchantability. In addition, the author and publisher do not represent or warrant that the information accessible via this book is accurate, complete, or current.

Except as specifically stated in this book, neither the author nor publisher, nor any authors, contributors, or other representatives will be liable for damages arising out of or in connection with the use of this book. This is a comprehensive limitation of liability that applies to all damages of any kind, including (without limitation) compensatory; direct, indirect, or consequential damages; loss of data, income, or profit; loss of or damage to property; and claims of third parties.

Copyright © 2021 DELTA CLASSICS

BESTACTIVITYBOOKS.COM

All rights reserved. No part of this book may be reproduced or used in any manner without the written permission of the copyright owner except for the use of quotations in a book review.

FIRST EDITION - Published 2021

Extra Graphic Material From: www.freepik.com
Thanks to: Alekksall, Starline, Pch.vector, Rawpixel.com, Vectorpocket, Dgim-studio, Upklyak, Macrovector & Freepik.com Designers

This Book Offers Free Bonus Puzzles

Available Here:

BestActivityBooks.com/WSBONUS20

5 TIPS TO START!

1) HOW TO SOLVE

The Puzzles are in a Classic Format:

- Words are hidden without breaks (no spaces, dashes, ...)
- Orientation: Forward & Backward, Up & Down or in Diagonal (can be in both directions)
- Words can overlap or cross each other

2) LEVEL UP THE GAME!

A space is provided next to each word to write new ones, translations or notes. We also offer a convenient **NOTEBOOK** at the end of this edition. It can help you organize your annotations, new words and/or observations.

3) TAG YOUR WORDS

Have you tried using a tag system? For example, you could mark the words which have been difficult to find with a cross, the ones you loved with a star, new words with a triangle, rare words with a diamond and so on...

4) EASY TO CUT!

The Puzzles come with an Extra Large margin to easily cut the page out of the book. Some people may feel it more convenient to solve them this way.

5) FINISHED?

Go to the bonus section: **MONSTER CHALLENGE** to find a free game offered at the end of this edition!

Want **more fun** and activities to **relax? It's Fast and Simple!** An entire Game Book Collection **just one click away!**

Find your next challenge at:

BestActivityBooks.com/MyNextWordSearch

Ready, Set... Go!

Did you know there are around 7,000 different languages in the world? Words are precious.

We love languages and have been working hard to make the highest quality books for you. Our ingredients?

One part easy-to-read print, three parts entertainment, then we add some challenging words and a pinch of rare ones. We brew them with care to serve you lots of fun and an opportunity to solve the best puzzles.

Your feedback is essential. You can be an active participant in the success of this book by leaving us a review. Tell us what you liked most in this edition!

Here is a short link which will take you to your Amazon orders review page.

BestBooksActivity.com/Review50

Thanks for your fidelity and enjoy the Game!

*Delta Classics Team*

Puzzle 1

ה ג ו מ כ ל ן ר ת ן ו ח ה כ ח
ב ב ל מ נ ש ר ו י כ י ר ר י ת
ר ו נ פ א א ק ו ל ו ע ו י מ ד
ו כ פ ב ר ו צ ם ב ת ד ה כ ע ל
ו א ו ו ב ל י י כ י ם ל ב פ ה
ז נ ל ט ק ס ט ע כ ח י ק י ו נ
ו ר פ ס מ ה ו ו מ ו ש · י ש ב
ן ה ר י ד א ט צ ן י ל ז צ ב ד
ד מ ז ה ח ו ל י ם ו ד ג ו ר נ
ה ב ר ל ס ס ל ב ד ר ו ע ר ת ס
א ב ד ת מ ג ע י ת ע ר ר מ ו ב
ח ם ת ף מ ת ו א י י ו י ה י א
ש כ ת י י נ ה ר ב ג ה ו נ ו ר
ה ג נ ד ו ו ה ג י ה ו מ ן ב ד

ציטוט
בכירה
לבד
לשים
הגיע
עיר
תוכן
המספר
טקסט
חולים

חייהם
חיובי
אדירה
פעמי
לשאול
לנפול
מככב
הברווזון
ביצועים
בייצור

Puzzle 2

ג	ן	ה	א	מ	י	נ	ל	ל	א	ח	ר	ו	נ	ה
מ	מ	נ	י	ת	ל	ב	ת	ה	ט	ר	פ	ת	י	כ
ס	ו	א	ת	ל	ד	ל	ת	ו	י	א	ו	מ	כ	נ
ו	ו	י	ב	ח	צ	ן	ר	צ	פ	ב	ן	ג	פ	ר
ל	ש	מ	ז	ן	נ	א	מ	א	ו	ש	נ	י	ו	א
ו	ה	ל	פ	נ	י	ה	ת	ו	ל	נ	ד	ב	ה	ה
מ	פ	ע	ה	ע	ו	מ	ב	ת	ר	ה	כ	ש	י	ל
ת	ק	ת	פ	ח	ל	ו	נ	ב	ו	ש	ת	נ	י	צ
א	ד	נ	נ	י	ר	ו	ר	ד	נ	ן	ן	ב	ה	ה
פ	ד	י	י	ג	ל	י	א	ל	מ	ל	ן	מ	א	מ
ר	ל	ח	מ	כ	ו	מ	ת	ת	ל	ו	ח	ק	י	ע
י	ר	ש	מ	י	ת	מ	ד	א	ו	ו	ב	ר	ז	ל
מ	ז	ר	ח	ס	ו	ק	ר	ג	ו	י	מ	צ	ת	מ
מ	ב	ה	ר	ל	י	ם	ח	ח	ח	ס	ש	ר	מ	מ

ברזל
אתמול
ענן
תחנה
ארנבת
קפה
טיפול
שוב
שנה
להעפיל

רשמית
איות
מבחן
כנראה
מזרח
בדלת
נפלה
לאחרונה
לצאת
הוצאות

Puzzle 3

ם	ך	ל	ה	מ	ה	מ	י	ל	ד	פ	ו	ס	ו	ת
ר	מ	מ	ר	ת	ב	ש	מ	א	י	ד	ו	כ	ב	מ
ת	ר	י	י	ר	ק	ק	ע	י	ו	ש	כ	י	ו	ל
ו	ע	ג	פ	ס	ר	פ	ה	י	ן	מ	ע	ן	מ	מ
א	ה	ן	ו	י	פ	י	ב	ג	ו	ת	ן	ת	ל	נ
ש	נ	פ	מ	ב	ו	ל	ו	ך	ן	ק	נ	ר	ו	ת
ב	ת	ס	ם	פ	ר	י	כ	מ	ה	ו	ם	ל	ו	ס
ל	ד	י	ב	י	מ	ו	ק	ש	ח	ל	ש	ה	ל	ע
ק	ע	ר	ש	ל	ת	ו	מ	ת	ת	ב	◌	ח	י	ו
ח	ף	מ	ת	ק	מ	ו	ה	י	י	פ	א	ט	ה	ר
ת	ת	פ	ה	י	נ	פ	ע	ת	ל	ה	ב	ב	ו	ח
ב	ו	ר	י	י	ת	י	ר	ס	ו	מ	ש	ב	ו	ע
ס	ו	ם	ם	י	ת	ר	ך	ף	צ	ר	ק	ל	י	ח
א	ד	ר	י	ת	ם	מ	ד	ב	נ	ח	נ	נ	י	ו

סולם
מאי
משקפי
דיונון
שמונים
סיר
עלה
ערש
סכין
קריירת

מקומיים
המהלך
רפורמת
לקרצף
מוסרית
חלשה
בבטחה
אפייה
לתפוס
לקחת

Puzzle 4

מ	ב	ס	ה	ע	ו	ו	פ	ק	ע	מ	ו	ר	ש	י
ה	י	ר	ל	ג	ל	ח	ל	ו	ט	י	ן	נ	י	נ
ו	ק	ת	פ	ו	א	ר	ש	ח	ש	ל	ף	ק	ש	ו
ת	ו	ה	ע	ר	א	ו	כ	ב	ה	א	ח	ל	ה	ו
ל	ר	ז	פ	ע	ס	ק	ג	א	ב	ט	ח	ת	י	ס
ג	ס	ד	ד	ב	כ	ו	ר	כ	ן	נ	מ	ס	ב	ו
ו	ו	מ	ת	פ	נ	י	א	י	פ	ו	א	ו	מ	ט
ר	ר	נ	נ	ו	מ	ה	ד	ה	י	י	נ	ד	י	מ
מ	ר	ו	מ	ס	ו	ב	ך	ת	ר	ד	ה	ו	ד	נ
י	נ	ת	י	כ	י	כ	ו	ב	ט	ר	ס	י	צ	י
ם	ש	י	ר	פ	ו	נ	ו	ו	ל	ע	ת	ב	נ	ו
ח	ס	ת	ת	ט	כ	א	ו	ל	ה	ל	י	ר	ו	ת
ר	ו	נ	נ	ח	ו	ג	ם	ע	מ	ג	נ	נ	פ	ח
א	י	ב	ק	ו	ע	י	ר	י	ד	ת	א	ג	ג	א

כוכב
לחלוטין
מניות
ידני
ירידת
ביקור
הזדמנות
מטוס
אבטחת
שישה

האח
היו
הגאוגרפיה
גורמים
סורר
עסק
פני
פתק
רדיו
מסובך

Puzzle 5

ת	ר	ם	מ	ע	י	מ	ן	ע	ב	ה	ע	ן	ק	מ
ת	י	י	ס	ו	ל	כ	ו	א	ה	מ	נ	י	ת	י
ב	י	ט	ב	ו	ע	ר	ז	ה	ל	מ	כ	ו	ת	נ
ר	נ	מ	ו	ל	פ	מ	ו	נ	ע	א	כ	י	ש	י
ת	ח	ק	ל	ה	ה	ו	ד	נ	צ	ו	י	ו	ק	ם
ס	מ	פ	ח	פ	ו	ג	ל	ו	ב	ד	ר	ר	ס	ל
נ	ד	י	מ	ת	ה	ח	ן	ד	ן	ד	ב	מ	פ	ה
כ	ת	ו	ו	י	ל	מ	מ	מ	ו	ל	ב	ח	ו	ר
י	ל	ר	ד	ע	מ	ה	ס	ב	ר	כ	ו	ת	כ	א
ה	ו	א	ה	ו	ה	ו	ע	ר	נ	ש	ז	ג	ו	ל
ל	ו	ו	ל	י	ה	ת	י	ש	ג	ר	ה	א	ק	ס
ו	ו	א	י	ק	כ	י	א	נ	כ	נ	ב	ק	ב	י
פ	ת	א	ד	ל	י	ו	ע	ע	י	ו	ת	ה	ל	ו
ו	ק	נ	ב	ם	ב	ט	ו	א	י	ס	מ	ח	ע	י

מעדר
הוא
הפתיעו
זהב
אוכלוסיית
הרגשית
פסק
קבל
רזה
ברכות

להיכנס
המכוסה
מועמד
חמוד
נחמד
לבחור
להגן
לעצבן
מינים
קמטים

Puzzle 6

ש	ל	י	ע	ן	ש	ה	ה	ו	י	ת	ה	ב	א	מ
ב	פ	ל	ו	א	ם	ח	ת	י	נ	ר	ד	ו	מ	ל
ר	ס	ק	ג	ד	ו	ח	י	כ	ו	ה	ל	מ	פ	פ
י	ו	ר	ת	ף	ר	ת	ב	ו	נ	ו	ת	ג	ר	פ
ק	ק	ו	ן	ל	ז	ו	ס		ת	ה	ב	ז	ר	ו
ן	ש	ת	ל	ק	ל	ר	נ	ל	ה	ח	ל	י	ק	ן
ה	ש	י	ע	ו	ר	מ	ב	מ	א	ו	כ	ן	ת	י
ו	ד	ל	י	ו	ו	מ	ו	ת	מ	ש	נ	ה	פ	ת
ע	י	פ	ר	ך	ב	ה	ס	ד	ו	ו	א	ם	פ	ו
ל	ק	מ	פ	ל	ר	ו	צ	ו	ק	ל	ש	י	י	מ
י	כ	נ	ה	כ	ב	ר	נ	ב	צ	צ	ב	ש	ח	ל
ח	ו	ן	ל	ו	ס	ל	ל	ע	א	ע	מ	ד	י	א
כ	ו	מ	ב	א	ב	ל	י	ח	ק	ו	ר	ח	ד	ה
נ	ם	ד	ד	ו	ב	ף	ם	מ	א	ק	ב	ת	א	ש

לזרום
ברבור
להחליק
נמוך
החוף
קיר
שבר
שלי
להפריע
להוכיח

ולצעוק
לקרות
עוגת
צעיף
לפסוק
מודרנית
מלפפון
שיעור
לחשב
מגזין

Puzzle 7

ל	ש	ו	ש	ט	מ	ע	ו	ב	ק	ל	ה	ח	כ	ב
כ	צ	ן	ע	י	ו	פ	ן	ר	ש	ם	א	ק	י	י
ר	י	ר	ש	פ	א	י	מ	א	ד	ר	א	ל	מ	ר
ך	ס	א	ף	ש	ו	פ	ס	ק	י	ר	ה	א	ן	ל
ן	ך	ב	ו	י	נ	ו	ע	ב	צ	ר	ף	י	ר	ח
ב	ר	ו	צ	פ	נ	ן	מ	ו	כ	ר	י	ם	מ	מ
י	ד	ר	ו	ר	י	ת	ם	ס	ר	ו	פ	מ	י	ד
מ	ד	ו	ב	ח	ב	מ	ש	ו	ע	ל	ה	מ	צ	ב
נ	כ	ח	י	ל	ס	א	ת	ש	כ	ש	נ	ר	י	ר
ס	ע	ו	ק	ב	צ	ר	נ	ב	ו	ס	י	מ	ו	ב
ה	א	ה	ה	ט	ל	ח	ה	ב	ל	ק	ח	י	ו	י
ו	ו	ו	ר	ף	פ	ת	ר	י	נ	פ	ב	ג	א	ר
ו	ר	י	מ	ש	א	ש	ו	ת	ש	א	ה	מ	א	ד
ו	ח	ו	ט	ש	פ	ך	מ	ל	ב	י	צ	י	ם	ח

מוכרים
שבבית
החלטה
הבחינה
ביצים
אפשרי
מארחת
שועל
לקבוע
עפיפון

חקלאי
מנסה
מפורסם
משפט
לצרף
צבעוני
סכום
טיפשי
סקירה
המצב

Puzzle 8

נ	ם	ג	י	י	ה	ל	ל	ל	ל	ו	נ	נ	ו	א
ש	י	י	נ	ל	כ	ה	ה	ו	א	נ	ה	ד	ג	ו
כ	ר	ת	מ	ד	א	ח	י	א	נ	פ	א	ע	נ	צ
ת	י	ו	ר	ה	ז	ז	כ	ח	פ	ר	ס	ה	פ	ר
ן	ה	ס	ה	פ	ו	י	ש	מ	מ	ר	ב	ן	א	י
ם	ב	ו	א	ח	י	ק	ל	ש	ן	כ	ד	ר	מ	נ
ה	מ	ר	ו	ש	ס	נ	ב	א	ו	ט	ו	ב	ו	ס
ל	ה	ת	ו	·	ר	ת	נ	ם	ע	ו	ו	ר	ח	א
ה	ה	מ	פ	ק	ל	ר	ב	ס	ש	י	ר	ק	ל	י
מ	ה	ג	ק	ש	ה	י	פ	מ	י	ב	ו	ת	ה	פ
ר	ד	ג	ר	ט	ד	ד	ר	ח	מ	ו	ס	ה	כ	ד
כ	ל	ו	ב	ו	ל	ע	ו	ה	מ	ל	מ	ל	נ	נ
נ	י	ט	ל	נ	מ	ג	מ	ל	ת	כ	ש	ב	ח	ד
י	ה	ו	מ	נ	ו	ו	ד	נ	ו	ר	ה	ל	ה	ר

אדמת
להתקרב
אוצר
כיסא
כלוב
להיכשל
להחזיק
ילדה
פנאי
עלוב

חמוס
פרסה
להגר
המבהירים
פיננסי
שעון
באוטובוס
חמש
נמר
קשה

Puzzle 9

ד	ן	פ	ת	ר	מ	י	ו	ד	ע	ש	פ	ג	ע	ה
ה	ל	כ	א	י	ת	ל	ו	י	ג	ר	י	י	ג	ב
ח	י	ט	ב	ד	ז	מ	◌	ג	ו	ת	ו	מ	מ	ן
י	י	ק	י	מ	ה	ג	ל	ג	ל	ם	ז	י	מ	ר
ר	ו	י	ד	מ	א	מ	י	נ	ה	י	פ	צ	ן	נ
ת	ח	מ	פ	ו	א	ר	ר	י	ע	ל	ו	ס	י	ג
פ	ב	ת	מ	ו	ש	ת	ג	ש	ס	א	ר	י	ז	ח
א	ס	ד	ה	א	מ	ר	ן	ל	ו	כ	י	ו	ר	ת
י	ד	מ	כ	נ	ס	י	כ	י	ק	י	ב	י	ת	נ
ו	ר	ע	י	ש	ו	מ	ק	ו	ק	ט	י	י	ל	ל
י	ו	א	ר	ה	א	מ	ו	ד	ר	י	ו	ג	י	ה
ד	כ	ע	צ	ת	א	ד	מ	ד	מ	ל	ד	ם	ה	ס
ת	ע	נ	ה	א	ת	מ	א	ח	י	ו	י	ו	א	י
ג	ש	ל	ת	ר	ב	ג	ל	כ	ל	פ	ו	י	י	ח

גלגל
קוקטייל
אחיו
תשומת
חזיר
מכנסי
מאמינה
מפואר
עגולה
עסוק

וידוי
גור
נתיב
בסדר
מאה
פוליטי
להסיח
כאשר
לגדול
צריכה

Puzzle 10

ל	ד	ת	י	ל	ל	ר	נ	ת	כ	ו	ף	ח	ח	ב
ו	ל	ו	י	·	ה	פ	ש	ו	ח	י	נ	ל	פ	ל
ב	ר	ו	ר	ר	ר	ט	ל	ק	י	כ	ע	י	ר	ו
ו	ר	פ	ו	ה	מ	ל	ח	ת	ו	י	ו	ו	י	ד
נ	כ	י	ת	ת	ב	ן	מ	ח	ד	ד	ז	פ	ב	א
ת	ע	ד	ש	ו	ק	ן	כ	ח	א	ד	ב	נ	י	ת
י	מ	נ	פ	ע	ב	ה	ר	ק	ת	ס	ל	ו	ל	י
ג	י	נ	ע	ש	ו	ח	ו	ב	נ	ו	ו	פ	ג	ה
מ	ת	נ	ע	ה	ק	פ	ה	ג	י	מ	ו	ר	י	י
ב	ם	ו	כ	ו	ו	י	ר	ט	ו	א	ל	י	ה	ת
ר	ת	ו	ז	ח	ל	ו	ז	ה	א	ז	ח	ע	ז	ה
מ	ר	כ	י	ב	ד	ס	ע	מ	י	ק	ב	ת	ל	ע
ש	נ	ו	ל	א	ה	ן	ה	ח	ו	ו	ה	ש	ת	כ
ל	כ	ו	י	ח	ו	נ	ק	מ	נ	מ	י	ל	י	ב

דור
נשלח
ולא
לחזות
פריבילגיה
מרכיב
לשמר
ווירטואלי
קלט
תכוף

כנרת
עוזב
גימור
העזרה
ללוות
מחדד
ניחוש
בקבוק
נענע
שעות

Puzzle 11

ו	ט	ו	ת	ג	פ	ד	ן	ה	ח	פ	ר	ו	ר	ב
ו	מ	נ	ה	ג	ר	ר	א	ל	נ	כ	ס	ז	ד	י
מ	פ	מ	נ	ל	ב	י	י	ע	ט	ו	י	מ	ו	ת
ב	ר	א	ו	ל	ח	פ	ו	י	ה	ק	ר	י	ס	ג
נ	ט	ש	ו	ח	מ	ו	ך	ו	א	פ	ת	ן	מ	ת
ו	ו	ו	ו	ו	מ	ל	ק	פ	ל	י	י	ת	פ	א
ה	ר	צ	ע	ו	ס	י	ו	י	ד	ב	ל	מ	ו	מ
מ	ה	ח	ה	צ	ק	ה	ה	ד	ע	מ	י	י	ר	ת
ל	ע	נ	מ	כ	ת	נ	ע	ב	מ	פ	ל	ו	י	ע
ח	י	ח	י	פ	ו	ש	מ	ש	ו	ס	ח	פ	נ	נ
צ	נ	כ	ו	ת	א	מ	ל	ם	ת	ו	ג	ט	א	צ
ר	ש	ש	נ	ו	י	ה	ר	ט	ש	מ	ה	פ	ב	ת
ש	ד	א	ר	י	צ	ל	ו	א	ם	ס	א	א	ל	ה
י	ב	י	מ	כ	מ	ע	מ	צ	י	ע	ב	ש	ו	מ

נכס
חיפוש
סירת
צבא
זמין
ליהנות
קצה
גחלילית
מציאות
מסודר

מושבע
לחצר
ממשל
אסם
המשטרה
מציע
טמפרטורה
משנה
ברור
לקפל

Puzzle 12

ו	כ	ן	ב	ע	ר	א	ר	ת	ת	ח	ש	נ	א	ב
ג	י	ב	◌	נ	פ	פ	ל	א	ח	ד	כ	ל	ם	ה
ו	נ	כ	ג	י	נ	ש	מ	ל	י	נ	מ	ק	ת	ד
ב	ת	א	י	ס	ו	ה	ה	ו	ב	ג	ה	ח	ל	ת
פ	נ	י	ם	ה	ד	נ	ש	י	ע	ר	ק	ה	מ	י
ס	ב	י	ב	ו	ד	ד	ו	ח	מ	ל	ג	ו	י	ל
ר	צ	י	נ	י	ת	ו	ק	ח	ס	מ	ן	ו	ד	ד
ע	ש	ו	ב	ע	ל	ב	ב	ה	י	ת	א	ה	ה	ו
א	ש	ו	ה	ג	ל	מ	ו	ר	מ	ם	כ	ו	ת	י
ו	פ	ו	ל	ר	מ	ג	נ	י	ב	נ	נ	ח	ש	ו
ש	נ	ש	ל	ג	י	ש	ה	ל	ו	ח	כ	ן	ת	ו
ו	ג	ד	ע	ה	ע	כ	ב	ר	מ	ס	ח	ר	י	ת
ת	ר	ר	י	ש	א	ו	ז	ר	ד	מ	ב	ה	כ	מ
ף	ן	פ	ו	ו	ק	ח	ש	מ	ל	ח	ו	פ	נ	ת

כחול
העכבר
למשחק
נוחים
רצינית
מחודד
פנים
מגניב
מזכירה
שותף

שיער
הגבוהה
להשיג
בננה
סביב
לקח
תלמיד
סמן
רגע
מסחרית

Puzzle 13

ו	כ	ה	ש	ק	ב	ו	ו	מ	י	ח	ו	א	ר	ש
ל	ר	ם	ן	כ	מ	י	י	פ	ו	צ	מ	ת	נ	ו
ה	ו	ש	ד	ו	י	ל	מ	ש	ח	נ	ח	צ	ה	ו
ר	ב	ב	ש	מ	ג	נ	ן	א	י	ל	ף	ו	ט	פ
י	י	מ	ו	ר	ם	ל	ג	ד	ר	ש	ו	ו	ס	ו
י	ת	ק	כ	ח	י	י	י	א	ל	ס	ו	ו	ר	ס
פ	ק	ב	ז	ה	ה	כ	ו	ל	ל	ת	ל	כ	ב	ם
י	ל	ל	ל	ד	ל	ב	ס	ר	ו	ו	צ	מ	ג	א
נ	ט	י	י	ו	א	ר	י	ו	ב	נ	ט	י	ל	פ
ו	ת	ם	ד	ו	ם	י	כ	ג	ג	ב	ו	ה	ו	ג
ק	ע	ק	ת	ת	א	ע	צ	ב	י	ל	י	ר	א	כ
ת	מ	ו	ב	ל	ו	ל	ש	ח	ו	מ	ר	מ	ד	י
ו	א	ל	פ	ן	י	ד	ב	ר	פ	ד	ס	נ	מ	א
ו	מ	י	פ	ו	ו	י	נ	ם	פ	מ	י	פ	ע	נ

ליד
הכוללת
בקשה
נחש
פלא
סלרי
גבול
ריח
באותו
פינוק

לבנות
מקבלים
כרובית
פסול
קלטת
דגל
דין
זהה
לנצח
כיסוי

Puzzle 14

ו י ו ו ו ן ו כ ן א ה ת ו י ו
א י ם ה ב ד ל ס ח ה ש י כ ר ה
ר ק י ש ר ו צ י י ר א א ד נ ו
ק ת י ר ה א ם ו י ך ע ב ו ת פ
ש צ ר א מ ב ו ע ב ע ל ד ד ו ו
ח ק ה ת ו ז ח ו ו נ א ו ש ר מ
ס ו צ ח מ ו ח ד מ ב י ת ל כ ז
ו פ ה ס ט ה מ י פ י ר ש ו י ה
א ה מ א ו ר ב ר ו ת י ה פ נ א
ר ח מ נ ס ש ט ב ה ה ס ת פ ש ר
ל ס ג כ ו י ע ע ר ו ת י ו מ ב
כ ס נ ג י מ ח ש מ נ ב נ ו ו ו
ו ז ו ם א מ ל ן ס ה ה ב א ר ו
ב ג ב ח ו ר ת ו ו ק פ י ם ם ו

הצהריים
תורכי
מוח
זוהר
הבדל
עוד
עשן
שקר
השראת
פרטיים

הנושא
אנפה
לשדוד
איריס
לבדר
קופה
בעל
ייצור
יקר
רכישה

Puzzle 15

ן	י	ל	י	נ	י	א	י	ר	ד	ל	ת	ב	ל	ג
ר	ש	ם	ה	ס	מ	י	א	ש	ר	ה	מ	נ	א	ר
ר	ו	ע	ו	ש	א	ע	ו	כ	ו	א	מ	ו	ל	ו
ק	מ	ס	ו	ף	פ	ו	ה	א	מ	י	ז	פ	ו	ו
ר	נ	י	ך	י	פ	י	ב	ש	ה	ו	ר	ה	ת	ד
מ	ת	ג	ר	מ	צ	א	ע	ד	ם	י	י	ק	ע	ה
ב	ג	א	ע	ו	ל	ל	ת	א	י	ן	ו	מ	ר	ס
ו	ו	נ	ו	י	ר	נ	ח	ח	ר	ו	נ	ש	ו	א
ה	ע	י	ת	ו	נ	ו	ת	ת	ח	נ	ק	ט	ב	מ
ת	ם	י	ת	ר	ג	י	ל	ר	א	ג	ב	ב	ת	ש
מ	ע	ש	י	נ	י	ב	ו	א	ב	ס	ו	נ	ר	ת
ו	ו	ר	ז	מ	ר	א	ת	נ	א	ב	א	ה	ו	י
פ	ט	ר	ו	ז	י	ל	י	ה	ה	ב	מ	ו	פ	ד
ו	ב	ל	ד	ו	ד	ה	ב	ב	א	ב	י	ב	א	ו

העיתונות
מראת
תרגיל
מאובק
מבט
סוף
ערך
צמר
פטרוזיליה
באביב

יבוא
צלחת
תערובת
אחרים
בסגנון
בדיוק
דרומה
להשפיע
קיים
מעשי

Puzzle 16

נ	נ	נ	ב	ת	ו	ף	א	ה	נ	י	י		ס	ל
ד	ד	ת	ד	ל	ו	ה	י	ו	מ	ל	א	פ	י	ר
ג	י	צ	ר	ל	ו	ו	נ	ר	י	כ	ז	מ	ה	ו
ר	ב	ו	ק	ר	ה	ן	י	ה	נ	פ	ו	ה	א	ל
ף	ו	צ	ל	ח	ו	פ	ר	ל	ש	מ	ו	ו	ע	ד
ב	ת	א	ל	ע	ה	מ	ח	ת	ח	ת	ב	ג	ו	ד
ע	ש	ר	ו	נ	י	ש	ם	י	ר	ס	ש	י	ת	א
נ	ה	ו	ק	ל	ו	ל	צ	י	ת	ו	מ	ד	מ	ד
ר	א	י	ש	ו	ס	ו	י	ן	ר	ב	ח	ו	ה	ל
נ	ו	כ	ל	ו	כ	ב	פ	ת	ב	י	ה	ל	מ	י
ע	מ	ד	י	י	י	ו	ו	נ	ע	ו	ש	·	ן	ן
י	ד	ש	א	ע	ן	ה	ב	ה	ה	ל	ע	ה	ן	ו
ח	פ	כ	ו	ו	ל	ב	ר	ו	ק	ו	ל	י	ס	ר
ו	ב	ב	א	ו	ו	ג	ח	כ	ו	ב	ו	ס	ם	ש

העלאת
רקוב
להפחית
לשקול
הולדת
בשמחה
עשרוני
העברת
בלון
יפה

גידול
משלו
ברוקולי
לצוף
נדיבות
מלא
הורה
שחר
מזכיר
תוף

Puzzle 17

ש	ו	ו	ו	ר	ך	ש	ר	מ	ד	ו	ו	ר	ס	ד
ן	ל	ל	ו	י	ל	י	ר	פ	א	ד	ה	ק	ב	ל
י	ד	מ	ל	ה	ה	ש	ש	מ	ח	ה	ז	ו	ש	ה
ב	ע	מ	ב	ס	ר	י	נ	פ	ג	ש	ר	ב	ה	ב
מ	ר	י	ר	ח	ע	ת	א	ל	ה	ה	ו	ב	ע	ש
ה	א	ב	ר	ש	י	ח	ם	צ	ר	מ	א	ת	י	ו
ת	ש	ל	פ	ל	נ	ט	ו	ת	נ	ה	ע	מ	מ	ל
ת	ב	מ	מ	מ	ו	ל	ק	י	ל	י	ה	מ	ט	צ
א	ל	פ	כ	י	ל	ש	מ	א	כ	א	י	ד	ג	ב
ו	ד	ג	נ	ת	ה	ל	ב	כ	ת	ה	ב	ו	ש	י
ת	ו	ש	ש	ו	א	ת	ה	ז	ת	ח	ו	י	ע	ש
ש	ת	פ	נ	ש	ר	ע	ל	ב	ו	פ	ר	ל	מ	ר
א	א	מ	ו	ת	פ	פ	י	ר	ן	א	ל	נ	ת	ב
י	ו	ו	ב	י	מ	ו	ו	ו	מ	ר	ו	ת	ט	נ

שישית	זכאית
במקום	מפלצת
אורז	פלנטות
להתנגד	נפגש
דבורה	בין
להבשיל	הלך
התאוששות	למדי
דוור	להביא
בבוקר	פשע
בגדי	שמח

Puzzle 18

ב	ע	ו	ל	ם	א	מ	נ	ת	ב	ר	י	נ	ע	י
ר	ו	ק	נ	ג	ו	ר	ו	מ	ג	ר	ב	י	ב	ו
י	ב	ת	ס	פ	פ	ל	נ	ם	מ	ה	ה	נ	ו	ש
ת	ר	נ	ג	ו	ל	ת	ו	מ	ד	ק	ת	ה	ד	ו
ע	ס	ק	ת	מ	ח	ח	ו	ס	ת	א	ו	מ	ת	ל
ל	י	א	ס	ב	נ	ה	ו	נ	ה	ו	ח	ם	נ	ה
ר	א	ו	ת	ו	ן	ת	ו	מ	י	ן	נ	י	מ	ג
ת	ג	ב	ש	פ	ע	א	מ	ש	א	י	ת	ו	ק	י
נ	ב	ו	ק	ן	ת	כ	ה	י	ה	ו	ן	נ	פ	ש
ס	ד	ל	ע	ת	ד	ו	ק	ע	ל	ד	ח	ו	ת	מ
פ	מ	ש	ו	ל	ש	ת	כ	ל	כ	ו	ל	מ	א	ו
פ	ו	ל	ק	ס	ב	ר	ן	ר	י	א	ד	ל	ת	ר
ק	ו	ח	ע	ז	מ	ת	י	ל	ק	ה	נ	ם	ר	ו
ם	י	ף	ת	ק	ט	א	ק	פ	ר	י	ה	ו	י	ה

עבודת
תרנגולת
בעולם
סולו
בשפע
להגיש
תואר
ממקום
רגוע
קנגורו

התקדמות
משולש
גרבי
פסנתר
שונה
עסקת
כותרת
משאית
לדחות
מלוכלכת

Puzzle 19

ה	צ	ר	ן	ו	ז	ה	ע	מ	ק	מ	ת	ש	ע	ה
ת	י	מ	ת	א	ט	ל	ו	א	מ	ל	נ	ם	ב	ו
ק	ד	ה	ו	ב	ו	צ	נ	ו	ש	א	נ	י	ה	ל
ו	ה	ה	ש	ש	ל	ף	ט	ן	מ	ך	א	מ	ד	כ
ו	פ	ל	א	ח	ר	י	ק	מ	ת	ה	ת	ג	א	ד
ה	ח	ת	ת	ר	צ	ל	ו	י	ע	ו	ך	ו	ת	ב
ע	י	כ	מ	ו	נ	ח	מ	ש	ש	ך	ה	ע	י	מ
ו	ד	ו	צ	מ	ו	ת	פ	ו	א	מ	פ	ו	ע	ד
מ	ה	ו	ל	ד	ט	ו	י	ב	ג	כ	נ	ד	י	ו
ו	צ	ן	ה	פ	ר	ו	ת	פ	ל	ג	ו	ו	ב	כ
ש	נ	ה	נ	ר	ג	ש	פ	י	מ	ל	ה	ע	ש	ה
ה	ו	ם	מ	ע	ו	ש	מ	ה	י	א	ש	י	ה	נ
מ	ן	פ	מ	נ	ת	י	י	ש	ג	ק	מ	ש	ר	נ
מ	נ	ע	ב	ר	ה	צ	א	ע	ס	ן	ס	ר	ת	ד

הפחידה
מוצלחת
מלאך
ערפד
לטאת
נרגש
התקווה
בתוך
הביאה
קטנוע

תחליף
המשועמם
תשעה
השביעית
יצוצו
צנון
נושא
דאגת
לאחר
לפתור

Puzzle 20

ז	א	ה	י	ב	ל	ו	ת	ה	ף	נ	ן	כ	ל	ו
כ	י	ל	ג	ת	פ	ם	כ	א	ס	ם	ת	ר	י	ו
ת	נ	פ	נ	ו	ר	ק	ד	ח	ת	ט	י	ע	י	מ
ה	י	נ	ה	מ	ז	ה	י	ר	ה	ה	ו	ד	ר	ש
כ	א	ו	ג	ב	ו	ה	כ	ד	ש	ק	א	ד	ט	י
ל	ת	ת	ו	י	ח	נ	ה	ח	י	ר	ו	ם	נ	ו
מ	ל	ו	ב	ל	מ	ו	ש	ק	ד	י	מ	ה	ל	ט
ת	ס	ל	ש	ל	ב	א	ע	א	ה	נ	ד	צ	ר	ו
ח	ם	ד	ר	צ	ף	נ	מ	ו	ו	ח	א	ו	ק	י
ח	ן	ד	ס	ד	ו	נ	ל	ד	ן	ם	ך	ו	ח	ב
א	ה	ק	י	פ	ר	ס	ר	ם	י		א	ב	צ	נ
י	ו	ו	ו	א	ק	י	ן	נ	ל	י	ע	א	ח	ז
י	ב	מ	ה	נ	ו	י	פ	ש	מ	ע	ה	ב	י	י
ן	פ	ה	ר	פ	י	ס	פ	ת	ם	ו	ו	ו	ת	ן

אומר
ואננס
למעשה
בנזין
לפנות
מוקד
ולכן
בוהן
קדימה
הנחיות

לייירט
מדי
לשלב
המזהירה
סיפר
זכתה
הסטודנט
צבאיים
גבוה
חירום

Puzzle 21

מ	ג	ה	ב	י	ר	ט	◌	א	ר	ה	א	צ	ו	ת
י	ת	ד	ם	ת	ה	ל	כ	ט	ר	י	ו	ע	ת	ר
מ	פ	ס	ה	ד	ל	ס	ן	ל	ו	ה	נ	ו	ל	ו
מ	ע	ם	ב	ח	ו	ק	ד	ח	י	מ	א	ם	מ	ג
מ	א	ב	ה	מ	ל	ו	ס	מ	י	י	ד	פ	ב	א
ג	ן	ד	פ	ת	נ	פ	ח	ת	ל	ת	ו	ל	ר	א
ב	ב	כ	ה	י	כ	ת	ר	ש	כ	ה	ש	ע	י	ו
ו	ש	ד	ו	ר	ו	ה	ח	מ	ג	ש	י	מ	י	א
ב	י	ן	ת	מ	ן	מ	מ	ת	ל	מ	נ	ו	ת	נ
ק	י	מ	נ	ו	ש	ש	צ	ל	י	ל	ק	ו	ט	ל
י	ת	ו	י	ח	כ	כ	ר	ב	ח	ו	ת	צ	ח	ך
ב	ה	ה	י	פ	ו	ב	י	ע	א	מ	ח	ל	ג	ם
ל	ז	ה	ו	ת	א	ה	ם	ר	ק	ה	ה	ל	ה	ה
ס	ת	ע	ח	פ	ס	ג	ר	א	ב	ת	נ	ה	ג	ר

חתלתול
היה
המלחמה
אגורת
טלסקופ
עשה
תוצאה
קרם
התיישב
תחת

הכשרת
למנות
לזהות
חומר
צרים
נכון
ילקוט
מוכן
שכבה
בכה

Puzzle 22

א	ע	נ	ל	ת	ו	כ	ג	ו	ד	ג	ת	ל	ב	ר
ע	פ	נ	א	מ	ס	ו	ג	ל	ב	ן	י	ו	פ	ב
ק	נ	ר	י	ד	ח	ת	ו	ו	ר	ט	ד	ו	י	ד
ל	ל	י	ס	מ	ו	צ	ר	י	י	מ	ט	ל	נ	מ
י	ר	ח	י	ק	ג	ו	י	ד	ר	ק	ו	ן	ת	ש
א	ע	ן	פ	ש	ו	י	י	צ	ש	ל	ה	ם	ש	א
מ	ל	ח	ח	ה	א	ו	ן	ש	ע	י	י	י	ק	ן
ו	ק	י	ש	ת	מ	א	ו	ת	ו	ט	ו	י	ל	י
ב	ב	ב	י	ת	כ	ם	ו	נ	ע	ד	פ	נ	צ	ת
א	ב	ו	ר	ה	א	י	מ	ח	מ	מ	י	י	נ	ש
ו	כ	ר	י	ח	ת	ר	י	ת	י	ב	ה	ש	מ	ו
פ	ב	פ	ו	ו	כ	ו	ק	נ	י	ו	ש	ט	ו	א
ן	ו	ר	פ	ו	א	י	ו	נ	ה	ו	ו	ה	ח	נ
ת	ד	ל	ה	א	ע	ת	ה	י	ר	מ	ר	כ	מ	ד

חיבור
דרקון
אפרסק
כתיב
דברי
מוצר
ירחי
שיניים
שלהם
נקראת

רפואי
יין
בפינת
מטל
תיבה
קשת
באופן
מחמיאה
בכבוד
מסוגל

Puzzle 23

ש	א	ז	מ	ל	ח	ש	פ	י	ר	י	ת	י	ק	א
כ	ח	ל	ם	ס	ג	ו	י	ר	י	ה	ר	א	ה	פ
ו	ו	ק	ה	ל	ו	ת	ש	א	ב	ר	פ	פ	מ	ס
ל	ל	מ	ן	ו	פ	י	א	ש	א	ו	ו	ע	ח	מ
ל	פ	ד	ג	פ	ס	י	ם	ע	ת	א	ס	ו	נ	ת
ז	ו	ן	פ	ב	ל	ל	צ	ב	ו	ט	ת	ב	ה	ת
ם	ל	ס	י	י	ש	ע	מ	י	מ	ו	ע	ל	י	ט
פ	י	ל	ל	ר	ז	מ	ה	ח	נ	ה	ד	ו	ת	ע
ט	ט	ע	נ	ד	ת	ט	נ	י	ס	ל	צ	ק	ע	נ
ל	י	כ	צ	ע	ק	מ	א	מ	ן	א	ע	י	מ	ת
ב	ק	ל	פ	ל	פ	ל	ר	ם	ב	ו	ת	ת	ו	ה
ש	ה	ד	ד	ר	מ	כ	י	י	מ	ד	ם	ג	פ	כ
ל	ד	ל	י	ס	נ	י	א	ן	ל	ם	פ	ר	ס	ל
ם	ת	ע	א	ת	ו	ל	ר	נ	י	ל	א	ו	ו	ב

חוששת
אפס
בלוק
פוליטיקה
לעכל
טניס
פטל
לספוג
אביר
מסוים

כולל
הראה
פלפל
עתודה
מאמן
אשתו
שחקן
שפירית
להוט
עליית

Puzzle 24

פ	ו	ח	י	ו	פ	נ	מ	ל	ה	ז	ר	ו	נ	ב
נ	ו	ת	ו	ה	מ	ב	ו	ל	ח	ם	ו	כ	י	ר
ל	מ	ו	ד	ל	א	ו	ר	ך	ת	י	ב	ר	ע	מ
ת	צ	נ	ה	נ	ד	ר	ה	פ	י	ר	ר	י	ע	ז
ר	ח	ה	ג	ד	י	ו	ו	ת	כ	ג	ת	ן	ו	ב
ו	י	מ	ר	ק	ה	ת	ן	ו	ה	ו	ב	נ	פ	ל
י	ק	ל	ו	ת	ב	ב	ן	א	ל	ב	ו	ר	ל	ו
ו	ו	ג	ע	י	ה	ק	ו	י	ס	מ	ו	פ	א	ו
ה	ת	ר	ס	ג	מ	ר	ק	א	צ	י	ת	ס	א	ו
ה	ד	ל	ו	נ	ת	ר	כ	ח	ק	ש	מ	י	ו	ו
י	פ	ש	ת	ח	נ	י	ר	ט	ו	ג	ש	ן	א	ו
א	ב	ר	ד	ה	ת	ו	א	מ	ר	פ	ס	ת	ת	ו
ת	פ	ר	ו	ד	ז	י	ר	י	ו	נ	י	ו	כ	א
ו	ו	ש	ע	ש	ר	ש	ל	ו	◌	ת	ת	י	כ	ב

חרוז
בכיתת
חדר
מצחיקות
מרק
בתורו
בפרויקט
בהמתנת
החתיכה
זעיר

המבול
אורך
נולדה
מערבי
מרפסת
מבוגרים
חתונה
מורה
הגרוע
נפגשי

Puzzle 25

ת	ב	ת	ל	ה	י	ק	נ	ה	ב	א	נ	א	ו	ו
ש	ו	ל	פ	א	ת	ט	ח	נ	ת	כ	ל	נ	י	ת
ש	ה	ל	ד	א	ל	ו	כ	ר	ת	ר	ל	פ	ג	ו
מ	נ	ד	ע	ב	ה	כ	ש	ד	ת	ש	ש	י	ה	ת
ב	ס	ו	מ	ת	נ	ו	י	ב	נ	ר	צ	פ	ת	ד
ז	פ	ג	נ	ס	י	ו	נ	א	ן	י	ש	צ	ס	ו
י	ת	ה	י	ט	ק	ס	פ	ל	ו	ן	ו	ה	ת	צ
ר	ו	ו	ח	ר	ו	י	י	ע	ן	ר	ק	ס	ה	ד
ה	י	מ	ד	פ	ד	ו	י	נ	ח	ה	כ	ו	פ	ה
ב	ע	פ	א	א	י	ב	נ	ב	ו	מ	ב	ו	ו	ד
ב	ר	ח	ק	ס	ק	י	ו	י	מ	ש	י	ח	מ	פ
ו	פ	ו	ר	ע	ש	י	ר	ם	ב	מ	נ	ל	א	ו
ק	ו	ו	א	פ	פ	י	ד	ר	ן	ש	י	י	ל	ס
ס	ל	ם	י	ד	ל	י	א	מ	ל	ב	י	צ	ד	ש

נקיה
הבא
דפוס
טחנת
ילדים
ענבים
בזירה
גודל
להניק
המשמש

סקרן
כלנית
רצפת
אקראי
תולעת
הפוכה
מוכר
לאבד
עשיר
התושב

Puzzle 26

פ	ר	מ	ק	ן	ו	ו	צ	ר	ו	ט	ב	ע	ו	ו
ת	ח	ח	ת	צ	א	ל	כ	ם	נ	ב	ק	נ	ף	ש
א	ו	מ	ה	א	צ	י	ל	י	ת	ע	ס	פ	ס	ה
ו	ל	ד	ח	ד	ב	א	פ	נ	י	ת	י	ת	ו	י
ם	צ	א	נ	ה	ק	ד	מ	ו	ק	א	י	ל	א	י
ב	ת	ג	פ	י	פ	ס	ו	ו	ש	י	ד	ת	ה	ת
ו	י	כ	א	ס	ו	ס	ל	י	ו	מ	ל	ץ	נ	א
נ	נ	י	ה	י	כ	ת	ג	כ	ה	ת	ל	י	ב	ה
ק	ר	י	ס	ה	מ	א	ו	ה	ע	ב	נ	מ	ו	מ
ל	נ	ג	ח	ר	ד	ב	ע	ה	ל	ו	ג	נ	ר	ת
י	כ	ף	ע	ו	ר	י	א	ו	י	ל	ל	א	ג	א
ב	ש	ל	ק	י	ל	מ	א	כ	ו	י	ו	ל	ת	ו
נ	י	י	ו	ח	ח	ס	ש	י	ן	ש	נ	ו	י	מ
ו	א	ל	ע	ן	י	ם	ל	ב	מ	מ	א	ב	נ	ב

בילתה
חרד
שקית
כנס
מיץ
האצילית
לסלוח
רוב
קריסה
חולצת

העליון
כיוונים
פסגה
האוסף
אירוע
תרנגול
ושהיית
פתאום
שילוב
טבעת

Puzzle 27

ח	מ	ת	ב	מ	מ	ו	נ	פ	ה	א	א	ת	י	י
ע	ו	א	י	ד	א	נ	ב	ש	ר	◌	י	ם	ם	ו
נ	ב	ה	צ	ו	ף	ק	ו	מ	נ	ו	ע	ג	ו	ע
ה	צ	נ	ן	י	ד	ו	כ	ח	ת	ס	פ	ו	מ	ת
ש	ל	י	ט	ק	פ	מ	פ	ע	א	כ	ע	פ	י	ו
פ	ע	ש	ת	ח	א	ל	ה	ק	י	ם	פ	ת	ו	ר
ח	נ	ס	ו	פ	ר	מ	מ	נ	ו	ל	ה	ע	א	ב
ל	ח	ת	ד	נ	ר	י	ר	י	ת	ה	א	ת	ע	
ת	ל	ב	ו	א	ט	ו	א	מ	כ	ת	ג	ו	ב	ת
כ	ל	ו	ה	ן	ע	ו	מ	כ	י	מ	י	נ	פ	ל
ה	י	ח	ל	ר	א	ן	נ	ר	ע	ק	ג	ת	פ	מ
ר	ת	ה	מ	ו	ר	מ	ו	ד	ס	ל	ו	ת	ע	ש
ר	ה	ו	צ	ה	ו	ן	·	ר	פ	י	מ	ל	ת	נ
ש	ת	ס	ר	ת	ח	ר	י	ה	ס	ח	א	ת	י	נ

לחפש
בצל
לפת
סופר
נעל
נפח
סכם
סקי
להודות
צוף

כתגובת
מדויק
פחות
חובת
לבוא
שינה
שליט
להקים
פנימי
שמלת

Puzzle 28

י	ת	ו	מ	פ	ו	ת	ח	ן	ו	מ	ד	ק	ג	י
ה	ו	א	ו	נ	א	ג	ר	ט	ג	ד	ס	י	ל	ו
ל	מ	מ	ס	ז	נ	ל	ב	ה	ר	פ	ת	ק	ן	י
ו	ת	ר	ד	ג	ו	ה	ק	ב	כ	ן	ר	א	ו	ל
ו	ד	ב	ש	ו	מ	צ	ר	י	פ	ו	ך	מ	ג	ש
י	מ	ע	ו	ר	ש	ט	ב	ת	א	ז	ו	י	ר	פ
י	ה	א	מ	ב	ש	ר	צ	כ	ש	י	ל	צ	א	ל
ת	י	ל	ד	מ	ל	ף	ו	ת	מ	ב	ף	ה	כ	ן
ן	ז	ו	ו	ו	ד	ו	ר	מ	ה	י	ט	◌	א	ו
י	ר	ר	ו	א	ה	ו	ח	ב	ב	ס	ב	ק	ש	ן
ד	י	צ	מ	ד	ס	ל	ג	ב	ל	כ	ן	פ	ב	י
ה	ב	ו	ג	ב	ה	מ	ט	ו	ה	נ	י	ת	מ	ו
ד	ד	י	נ	ת	ח	ד	מ	צ	ר	ל	ח	ג	י	מ
א	י	נ	ט	ר	א	ק	צ	י	ה	א	ה	ת	ם	ו

שמור
הרפתקן
אינטראקציה
בקר
ילד
כתיבה
ארגון
בגובה
ברוגז
לווייתן

להצטרף
שבדור
קדמון
לקרוא
פותחן
אמיצה
מושב
מוסד
בוצי
ביזון

Puzzle 29

מ ל ה ל כ ע ש ו ל י ה מ ר ק צ
ת ח נ ב נ ל י כ ל פ י ע ו ו ע
ע מ י ר ו י ג ג כ י נ ל ו ו כ
ש נ ח ו ד ז נ ש ו נ נ א ר ם פ
ב י ח ע ע ה ט ם ד ו ר ח ל ע ל
ש ו ו ל ל ב ס מ ע ע ה ח ו ל ה
מ ת א כ י ק ה פ ו ע ל צ י י ת
ק ק מ ה ר ב ז ס מ ו נ מ ח ל ב
ו ל י ג ה י ד ד כ ו י מ ה ו ו
ה פ י א ש ה ָ ו ל ר א ו ת ט נ
א ט ר ד ב ר י ם ר ס מ ד ב ו ן
ו נ פ י י י נ ן ר א י ר ת ו ר
ג ע ס מ ע י ס ה ש י כ מ ו י ל
ת ח מ ר ע נ ב ן ס ו ל י ר י י

לציית
עליזה
חלב
יבש
מספרי
זברה
צוואר
השאיפה
עור
דברים

להתבונן
ללכוד
קולנוע
לחמניות
הפועל
נייר
מנומס
החולה
גשם
דוח

Puzzle 30

י	מ	כ	ש	פ	ה	י	ש	פ	ת	א	ת	ב	ם	ת
ר	ו	א	ם	ה	מ	י	ר	ר	ו	ו	ר	י	א	ע
ו	כ	ד	ו	ג	פ	ת	פ	ו	מ	צ	ע	ו	ת	ו
ח	ו	ר	ה	ה	נ	ב	ר	פ	ר	מ	ח	ש	ך	א
ב	מ	ת	ר	ו	א	ש	ף	ס	ב	מ	א	פ	י	ת
ה	ת	ז	ת	ר	ט	ל	ק	ו	י	מ	נ	ב	ה	ה
פ	ת	מ	ט	י	ה	ל	ל	ר	ם	מ	נ	ו	ד	נ
מ	ו	ל	ד	ק	ו	ג	ח	כ	י	ע	מ	ב	ב	ם
ש	י	ל	מ	ן	י	ד	ש	ר	ק	כ	ה	פ	ו	ר
ג	ז	י	ש	י	ת	ע	ל	ח	כ	ת	ו	ם	נ	מ
ה	י	ו	ד	י	ע	ו	צ	ק	מ	ל	ת	ד	ן	פ
ו	ט	ב	ל	מ	מ	ל	ו	ת	ג	ב	י	ו	ם	נ
כ	ף	ם	מ	ד	ן	ו	ע	ח	ב	ל	ו	ם	כ	ם
ר	נ	ה	ת	ל	ת	י	ש	ו	מ	י	ש	י	ק	ע

בלום
שימושית
מרבים
זול
לשבת
לדמיין
נשק
פרופסור
הוריקן
מקצועי

התזת
הבחור
לשימוש
שרפרף
ללהיט
מכשפה
עצמו
ביום
שמפה
במת

Puzzle 31

א	ב	ר	ו	ת	י	ד	פ	ר	ה	ת	נ	מ	ג	כ
ו	ש	צ	נ	ה	ל	ל	כ	ב	מ	א	פ	ר	צ	ק
ט	ב	ו	א	ן	ל	נ	ר	ג	ב	ע	ת	ע	ת	ד
ו	ו	ע	ה	ו	ו	ש	ל	י	ו	ש	פ	פ	ח	מ
מ	ע	ת	מ	ת	ף	ל	ט	נ	ר	ם	י	פ	ה	ט
ט	ה	ר	ת	פ	ו	כ	מ	י	ג	ו	מ	י	מ	ב
י	נ	ם	י	ג	צ	י	י	מ	ר	ק	ד	ד	ת	ח
ת	י	כ	ת	ב	א	א	ר	ל	ש	מ	פ	פ	מ	ת
ת	ח	ת	ש	צ	ת	נ	ז	ו	ב	ר	ק	ס	מ	א
פ	ב	ת	ל	ת	ת	ס	ח	כ	י	ו	ע	ל	א	ר
ת	ז	ה	ו	ו	ה	ל	ר	א	מ	ר	א	ב	ל	ת
ו	א	ק	כ	ד	ו	ר	ס	ל	ה	א	ו	מ	ס	ר
ו	ש	ו	א	ו	ר	ט	ה	נ	ע	ד	ש	פ	פ	ל
ח	ל	פ	נ	י	ד	ה	מ	ם	ג	מ	כ	ק	א	ר

התה
ואן
זרי
בחינה
כדורסל
קשוח
פרה
גבעת
קצר
סנאי

המבורגר
אוטומטית
בשבוע
מייצגים
מטבח
שליו
לאכול
רצועת
מנוע
בכלל

Puzzle 32

ד ע ה ת ע ף . י ו ח ם ו ש ל י
ד מ ג כ א ו ו ן ר פ י ר מ א מ
ח ק ש נ ר ו ת ר ס ו ג ו ן ו ן
פ ו ו י ת ח ל צ ה ז ח ה ו פ י
ס ר מ ת ש א ק ר ע ע ו פ י ש ב
כ ל ה י ו ם ע ק ו ף ד מ י י ם
ט ק י ר ט ס י א ט א ל ו ו ש ק
ת ז ג מ א מ ן י ח ה ו י י ת ד
ס ח ו ן ל ז ת פ ר י ק ר ו ר מ
ו ע ו ו ש י פ א ג מ ב פ ב ב מ
ע ר ס מ נ ן ו י ח ש ע י צ ו ב
ת ר ד ן ו ת ת ד ן ו ו ג מ ת ה
ר ד ה ש ת ו ו ח א נ מ ש ו ח ש
ד ו ד י מ נ י ת י ו ז ו פ א ש

טועה
מקור
תרבות
בקול
מדד
סוג
טריק
סערה
עיצוב
הגשומה

לשנות
מאמרי
הצלחת
להראות
תכנית
מזין
חפוז
בשיפוע
מגוון
חזק

Puzzle 33

ש	י	מ	כ	ן	ר	ג	נ	כ	ח	ל	י	י	ס	י
ע	ו	ס	פ	ת	ת	ה	א	ה	ת	ו	נ	ש	ס	א
ק	י	ב	ד	ר	ו	ו	ה	ו	פ	ו	ח	פ	ת	ב
ר	י	ק	ת	פ	ג	ו	ז	מ	ל	נ	ב	ל	נ	א
נ	ש	ח	ר	ת	ה	ל	ח	י	צ	ו	נ	י	ת	ף
ף	ו	צ	ר	י	נ	מ	ה	ח	ט	ב	ה	ס	ו	צ
ה	ר	ו	ק	ו	ת	ד	י	מ	מ	ש	ה	ח	ר	ר
ר	ב	ר	י	נ	ה	ח	ו	ו	י	ו	ו	נ	י	ן
ב	ח	ל	ה	מ	ס	ו	ם	ד	ד	א	ד	ו	ו	ס
ח	מ	נ	מ	ל	ה	ם	ד	ע	ו	י	ו	ת	ל	י
ה	ה	ל	ש	י	מ	י	ט	ת	מ	מ	פ	ש	ש	נ
ח	ק	ו	א	א	מ	ע	ה	ה	ת	י	ת	כ	פ	ר
כ	ש	ב	ר	י	ד	ה	י	ד	ג	ה	נ	נ	ר	ד
ו	נ	ר	ב	ת	ו	צ	ר	ת	נ	ר	נ	ג	פ	ר

זוג
לפתח
קרנף
בתוצרת
עיקרית
הבטחה
חיצונית
היום
רצף
התנהגות

מדחום
הרוק
חברה
רצוף
להתרחש
כתוב
חנות
מחבר
לנפנף
להמס

Puzzle 34

מ נ א ב נ ו ל מ ש ך ו כ מ ו ק
ב ב א ז ו ר ר ב ה ו ד ע ה י ד
ל פ ע י א ו ש ה ד ת י מ נ י מ
ל ל ב ו ש י ר ק מ פ ק מ פ ב ו
י נ ת פ מ ט ס א ר ב ו ן ט ר ס
א ו ו י ש מ א ו ו ן י פ פ י ד
פ ק ר ר ה י ן ד ע ף ת ת ש ה ל
ו ד י ל י נ ר כ ס ץ ר פ ת ה ל
ל ד ח י מ י פ ב י ו מ ה ר א ו
ק ד ב ן ש נ ק ד ד ר ד א ל פ כ
ל ר ו פ י נ ק ל פ ש ל ל ס ח ה
ו ע ף ד מ י ן ו ם ט י ל ח ה ל
ר ה ר י ש נ א ל ל פ מ פ ה ח ב
א מ ו ג ש י ו ג ו ח ש ע א י נ

באזור
להשתתף
כפל
ללא
לראות
מדף
להחליט
ויטמיני
בחירות
תוך

להתפרץ
סרטן
קינמון
השמש
יסעור
פולקלור
ללבוש
עיפרון
בהודעה
שירה

Puzzle 35

ם	ב	ע	ל	י	ע	נ	י	ב	ו	ז	ב	ת	ה	ק
ש	צ	ב	נ	ו	ט	ת	כ	ל	מ	י	ח	ו	צ	כ
נ	ו	מ	ק	ו	ט	ה	מ	ע	ה	כ	פ	י	נ	מ
ו	ר	ב	ר	ב	ו	ר	ק	ב	ו	ר	ן	ה	ו	ס
ל	ת	ק	ת	פ	ו	י	ד	א	כ	ו	ו	י	ד	ק
ס	ל	ר	כ	ט	נ	ס	נ	י	מ	ן	ס	צ	ו	נ
ג	ה	ו	ל	ח	ל	ה	ם	י	ג	ד	ו	ל	ו	ת
ת	ת	ר	נ	ו	א	ל	ו	ו	א	ב	ט	ו	מ	י
ו	ר	י	ן	ש	ד	י	ז	י	ב	י	ו	ג	ו	א
פ	נ	ב	ו	ו	ת	פ	ח	ק	ק	י	ל	ר	צ	ת
ה	י	ב	נ	ו	י	כ	ש	ו	ק	ט	ן	ל	ר	ר
ס	א	מ	ז	ו	ו	ה	ש	י	ש	כ	ר	ח	ח	פ
ח	מ	ש	ו	ל	י	ל	ל	צ	נ	ת	נ	ה	א	ל
נ	מ	מ	מ	ל	ו	מ	י	י	ע	פ	ר	ו	ב	ש

בבקשה
רגולציה
להכפיל
בקרוב
לנווט
בבירור
שבור
גדולות
מלכת
אתר

לנקר
חסה
לסגת
מסקנת
להם
זיכרון
קצין
להסיר
בצורת
חנינה

Puzzle 36

כ ב ה ר ח ו ק ה ס ב ז ג פ ל ל
ת י פ ו ה י ן ק פ א ה נ ר ש מ
ח נ ר פ ב ח ק ט ו ס ד ה ב מ ד
ד ל ש י ל ד י ל ג ר נ ו ם ו ו
ח א ם ס פ מ ו נ ש ה כ ב ק ע נ
פ ו י ה ס ב ו י ח ו ת פ ל ב ש
מ מ ב ו ט ר י ת כ נ ב ם פ נ ו
ל י ו נ ו פ ח ב ל ל ר ו ה מ ב
ת מ ש פ ו ת ד ר י א ר ת י מ ו
ג מ ש ס ו ו ו ו ק מ י כ נ ן ל
ר ד י ר ש י ת ע ט נ ג א פ ש ק
ו ח ג ר ב כ ח מ נ ש ר י ק ו ם
כ ב י ו ד ר ל ה ח ע ג ף ה ד פ
ק מ ד ו י ן ר א ת ד ו ת פ י ט

בינלאומי
ילדי
הסיפור
נדרש
כתום
הקטלנית
לשמוע
לפתוח
קיווי
מעורבת

הרס
שרפה
טיפת
בפורמט
לשקף
הרחוקה
פגז
גרגיר
ספוג
רטוב

Puzzle 37

ל	י	מ	ו	נ	ד	ה	י	ת	ע	ס	י	ב	ח	מ
ר	ה	ח	ב	מ	י	ב	י	ר	ו	י	ש	ר	מ	א
ל	ח	ל	ו	ב	ח	ה	א	ב	נ	נ	ב	נ	ו	ן
ה	ה	ש	י	א	ב	כ	ד	ג	ל	ר	ו	ו	ר	ר
ב	א	מ	ת	מ	ב	מ	ם	ת	ש	ה	מ	צ	ה	ן
ת	ו	ח	ה	ה	ו	ד	י	ו	מ	מ	ו	ר	ר	ו
ס	ל	ק	א	י	ק	ן	ב	צ	ן	מ	ד	ע	א	מ
פ	מ	י	ת	ו	נ	י	ן	מ	ה	י	ע	ל	ת	ת
מ	ת	פ	פ	ט	ה	ה	ץ	ו	ג	ל	פ	מ	ל	ו
מ	ח	ו	ר	י	מ	נ	ו	מ	נ	מ	ת	מ	א	ח
ר	מ	ד	י	ל	ב	ק	ח	ו	ט	י	מ	ס	ה	ר
ל	נ	ש	ו	ם	ב	ו	ט	ו	מ	ח	ר	פ	ו	נ
ב	ת	מ	ח	י	ר	ת	מ	ש	ד	א	ד	ר	א	ר
ז	י	ד	מ	ת	כ	ו	נ	ת	ע	ו	נ	ג	ן	ל

אדם
מספר
לימון
ישב
לתאר
סינר
גברת
רצונות
כבאי
חמורה

לימונדה
לנשום
הקיץ
קיפוד
מנומנמת
תכונת
באמת
מחיר
שלנו
ממהר

Puzzle 38

מ	א	ת	מ	ק	ק	ה	ר	י	י	ו	נ	א	י	ר
ת	ו	ו	ה	ק	י	ס	פ	א	ד	ע	ד	ז	כ	ת
ע	ח	ע	ב	מ	ת	ו	ת	נ	ג	י	ג	ר	ם	ק
צ	נ	כ	ו	ע	ם	ת	ר	י	ר	כ	ק	ח	ל	ע
מ	ש	י	מ	ל	א	ת	י	ז	ו	ו	א	י	מ	ר
א	מ	ן	ד	ר	ר	פ	ב	ק	ו	ע	ק	ת	י	ת
ק	י	נ	ל	י	נ	ו	י	נ	פ	ל	ד	ל	ת	ב
ל	ה	ת	ר	א	ת	מ	ו	י	פ	ס	ח	ב	ל	א
ר	נ	ס	ר	ת	א	ל	נ	ם	ע	פ	ה	ה	ר	ר
ל	כ	ר	ת	ח	ב	ט	ו	ח	ן	י	ב	ה	ת	ו
ב	ס	ח	כ	ו	מ	ו	כ	י	נ	נ	ל	מ	ט	ה
ל	פ	ח	ו	ת	ת	א	ר	ר	ו	ת	ו	ד	י	מ
ב	י	צ	ה	ר	ש	ב	מ	ו	כ	ח	פ	ו	צ	ב
ג	ם	ה	ה	מ	ה	נ	ר	ב	ב	ח	י	י	ג	פ

אמן
ביצה
בירת
דבר
למטה
קערת
מאוחרת
הבין
פעם
סכנה

אווז
ספינת
כונן
פסיקה
סתיו
התראת
לאתר
אזרחית
בטוח
לפחות

Puzzle 39

ם	מ	ת	י	ה	מ	מ	א	י	ו	ד	ו	ל	י	ע
ו	ו	מ	ס	ש	מ	ם	ש	פ	כ	ו	ס	ו	ע	ע
מ	ח	ן	י	א	נ	ר	ג	י	ז	ר	י	פ	נ	ס
ז	ל	ל	ו	ו	א	ב	ג	ט	ו	ו	ד	ד	ש	ל
ח	ט	י	י	ת	ש	ו	ל	י	נ	ל	ר	ה	ע	ד
ת	ג	פ	י	מ	ע	א	ו	ס	י	ר	ר	ס	נ	כ
י	ח	ע	א	ל	ת	ן	מ	מ	פ	ב	ס	ד	ל	מ
ן	י	ם	י		ד	ו	ס	י	ה	ב	פ	ע	ל	ו
מ	ט	א	ת	ש	ה	ר	ת	נ	י	מ	צ	ד	ש	ב
ע	ב	צ	א	א	ן	ד	נ	ש	ב	ס	י	ל	ב	ן
ן	א	ר	נ	ר	ו	ב	מ	א	ד	ל	ת	י	מ	ב
פ	·	ש	ע	מ	ר	ע	ק	כ	ד	ו	ר	ה	א	נ
ק	מ	ר	ס	ן	ת	ב	ח	מ	ב	ל	ע	ר	א	א
ק	ל	י	ם	ו	פ	י	י	ג	ב	ר	ש	ד	ם	ב

שנאה
ורוד
דתי
שפכו
פתרון
ראשי
סנפיר
שני
שער
במסלול

כדור
נברן
אצבע
כמובן
פעלו
יסודי
מוחלט
אבטיח
במחבת
אין

Puzzle 40

ב	ן	ת	כ	י	ת	ש	נ	פ	מ	מ	ה	פ	נ	ם
א	ר	ג	מ	ע	ב	ב	י	ו	ב	כ	א	ה	ו	נ
ב	ק	ע	א	א	מ	י	פ	י	פ	ע	פ	ז	ז	ר
ו	ם	ר	מ	נ	◌	ל	ח	י	נ	י	ו	ל	ח	מ
ת	מ	ב	ת	ל	א	ש	ל	ב	ה	ו	ר	מ	ח	ף
י	ו	פ	צ	ה	נ	ב	מ	ג	ה	ד	ח	כ	נ	ל
מ	ל	ו	ה	י	נ	ו	י	ב	א	מ	ו	ה	ח	ט
ו	ל	ה	ר	ו	ו	י	ח	ר	מ	נ	מ	י	ה	ע
א	ח	ו	ו	ז	ה	י	ח	ו	י	ל	י	ע	ת	ע
ל	ת	ה	פ	א	ר	א	ש	ע	פ	ך	מ	ל	פ	ג
כ	ו	ת	נ	ת	ל	ק	ו	י	ח	מ	ע	ן	ת	ל
ת	ר	·	א	נ	ד	ו	ג	י	נ	ב	ט	ר	ח	פ
ל	ן	ו	ע	ו	ת	מ	ש	ח	ט	ד	י	ה	ו	ל
י	ד	ח	י	ע	ו	א	ע	מ	ף	ש	י	ל	ת	ה

האפור
נכחדה
התפתחות
בחירת
לחייך
הגייה
וניהול
מעט
ראש
להרוויח

לאומית
עונת
עורב
צפוי
עטלף
יניח
מבנה
בניגוד
לשאלת
כותנת

Puzzle 41

מ	פ	פ	ל	ח	ר	כ	ב	ו	ב	ז	ח	י	ה	ר
מ	כ	ר	ר	ט	פ	ל	י	ע	ת	כ	ג	ב	כ	ת
ה	ב	כ	ר	פ	מ	פ	ן	ן	ל	ו	נ	ר	ר	נ
ת	ש	ל	ו	ע	ח	ו	ת	ב	י	נ	ע	ג	מ	ע
נ	י	ת	י	ה	ר	ד	ש	ל	ן	ה	ח	י	י	ל
א	ו	ד	ש	צ	ה	צ	ד	א	ו	ח	ו	פ	ב	מ
ו	ר	ש	כ	ח	ת	ל	י	ח	ת	ה	י	פ	ן	ו
ם	א	ו	ע	ב	ו	פ	צ	ע	ם	י	פ	ק	ש	מ
פ	מ	ל	ש	ט	מ	נ	א	ב	ו	ת	ת	ן	מ	ב
ל	ו	ח	ע	ה	ף	ו	ר	ש	ל	ת	י	ו	ו	ל
י	ד	ן	כ	צ	ו	פ	ק	ה	ח	ץ	מ	ת	י	ו
ב	א	ס	פ	ו	ה	ה	ץ	ו	ח	מ	ל	א	ט	כ
ך	מ	מ	ה	י	ך	א	ם	ל	ש	ו	מ	פ	י	ל
ף	ף	י	ח	ו	ת	י	ב	מ	א	כ	י	מ	י	ה

שולחן
תחילת
החייל
חבטה
נעלמו
לשרוף
נאום
לווית
חלום
מחוץ
מסכה
לכול
כפפות
זבוב
שעכשיו
לחץ
משקפים
מושלם
עניבת
כבשי

Puzzle 42

ש	ת	ב	ש	ו	ו	ת	מ	ג	ג	ו	ד	י	ח	צ
ו	ן	ר	י	ל	א	ח	ז	ק	ה	פ	ת	ב	י	ב
א	ש	ב	ח	ה	א	ל	ב	ל	ב	ל	ד	נ	א	ר
ו	ָ	ע	ע	ל	י	ק	ח	ל	ת	ל	ו	ת	נ	ר
פ	ל	ו	ר	מ	ו	מ	ו	ו	ת	ר	מ	ק	ר	א
כ	ת	ן	ו	צ	ב	ק	ר	ך	ל	מ	ל	ע	ר	פ
א	ם	ק	ר	ו	ש	ף	ו	ד	ר	ל	ל	ז	ת	ר
א	ו	מ	ב	א	ה	ת	ף	ק	ר	י	א	ת	ז	מ
ן	א	כ	ה	ו	פ	ק	ל	י	ז	א	ב	ל	א	כ
ו	ת	ן	ג	ס	ע	י	ח	צ	מ	ה	ל	מ	ח	ח
ק	ה	ת	ק	א	י	מ	ח	ו	י	ר	צ	ג	מ	מ
ל	פ	ד	ל	ש	ל	ד	ו	נ	מ	ת	א	א	ו	ן
מ	ו	ו	ל	א	ה	ת	ק	ת	ר	ז	ו	ח	ת	י
ג	ש	ג	ב	א	ח	ו	ה	ד	ל	ס	ל	ו	ס	מ

צינור
חוזרת
מלך
מסולסל
שלג
קריאת
רוחב
לרדוף
זעקת
לתלות

ללמוד
למצוא
לבלבל
מקלחת
ברבעון
חזקה
מאמצת
הפעילה
אבל
חוק

Puzzle 43

נ	ל	ו	ס	ע	ל	ו	ק	י	ו	ה	ד	ס	מ	ח
י	ם	ת	י	ה	ו	ה	פ	י	נ	ב	ד	ב	ו	ד
א	י	י	ב	ג	ל	ו	ח	ר	נ	י	פ	י	ק	ז
ר	מ	נ	ה	פ	ס	ק	ת	מ	ה	ע	ו	ב	ל	ם
פ	א	ו	ד	ל	ם	ם	ב	ת	א	ו	נ	ת	ו	ם
מ	ו	נ	ר	א	ט	ר	ק	ט	י	ב	י	ק	ק	ע
ז	ק	י	ו	ה	מ	ז	א	ה	נ	ו	ה	י	י	ר
ו	י	ב	מ	ו	ם	ו	נ	ת	פ	ת	מ	ק	מ	ת
ן	י	ה	ס	ו	ת	ע	ל	ו	מ	ו	ת	ל	ל	ם
ד	נ	ק	ב	ש	נ	ר	י	כ	א	י	ו	ש	ת	ח
פ	ו	י	מ	ע	ו	ס	ו	ו	ב	ד	א	כ	ח	ב
נ	ס	ס	ד	ל	ל	א	ש	ו	ד	י	א	ו	ה	ב
ב	פ	ו	ן	ה	ל	ד	י	א	ג	א	י	ח	ב	י
ר	ת	ד	ז	ו	כ	ת	א	ג	י	ק	ת	ו	ל	א

לגבי
ענקית
זרם
חול
אטרקטיבי
תעלומות
פרא
סמור
סביבת
מלתחה

הבינונית
אוקיינוס
הפסקת
דובדבני
יסוד
אמורה
חלקה
לשכוח
שווה
מזון

Puzzle 44

ה	ו	א	ב	ן	ל	ד	ד	א	ה	ם	י	ק	ן	נ
ש	נ	ת	כ	ס	ע	ו	ו	צ	א	מ	ו	כ	ד	ו
ק	ש	ו	ל	ע	י	ד	ו	י	ס	ל	ל	ו	י	ח
ה	ו	כ	ב	ה	ד	ו	ו	א	ה	ה	ו	ו	ס	ו
צ	מ	י	ו	ו	ל	נ	ק	נ	י	ק	י	ו	ת	ת
ב	ו	ע	ס	נ	ה	נ	ע	י	ט	מ	ע	ד	ה	ש
פ	ו	מ	נ	י	ס	מ	ג	פ	ר	ו	ג	פ	מ	ל
מ	ל	ע	מ	י	ס	ע	ו	ט	ר	נ	ב	א	ו	כ
י	ר	ו	ס	ם	י	ר	ה	מ	ל	י	נ	נ	ז	ו
א	מ	ה	ה	ת	ה	ן	ב	ש	ח	ת	י	ו	ר	מ
ב	ע	צ	מ	ך	ו	י	א	ה	·	ה	ו	כ	מ	ע
ב	ר	א	ו	ת	א	ת	ו	ר	ק	ו	ת	מ	ש	ל
פ	י	ן	ש	צ	ל	ש	ת	ו	ק	ו	ה	ו	ה	ר
א	ת	ח	ת	ל	נ	י	נ	ב	ז	מ	ן	ת	ו	י

יעלו
דודו
וכמות
בעצמך
להסס
בזמן
משהו
מעל
סובל
תוכי

מומחה
עגבניות
מונית
נקניקיות
הרים
הבאות
המוזר
נוחות
כועסת
המעניין

Puzzle 45

מ	ם	י	צ	ו	ר	מ	ב	ע	ה	ת	פ	מ	א	מ
ז	ח	י	ר	ל	ו	פ	ו	פ	מ	ם	ל	ָ	ח	ו
מ	א	ת	ש	י	ר	כ	ו	ב	א	א	ר	ח	ל	ק
י	ה	פ	ל	נ	ו	מ	מ	ת	ב	ק	ד	ג	ת	ב
נ	ד	מ	ט	א	י	ו	ם	ב	ר	ט	פ	ל	ה	י
ה	י	ן	ו	ר	ש	י	כ	י	ח	י	ח	ם	ו	מ
ן	ר	ש	נ	מ	ש	ח	ק	פ	ב	פ	ג	פ	י	צ
מ	ת	נ	ו	ג	ר	ף	ו	ע	י	מ	ד	מ	ה	מ
מ	ש	ס	פ	ש	ת	ר	ב	ו	ת	י	ת	ר	ב	ח
פ	ח	מ	ר	י	ו	א	ן	ר	נ	ב	ד	ב	ס	ק
פ	ר	כ	א	ה	א	ח	א	ו	י	כ	ת	מ	ו	ב
ב	א	א	ע	ה	א	ת	א	ב	ה	ם	ר	י	ל	נ
ו	ד	כ	ם	י	י	א	ר	ה	ה	ע	נ	ו	ם	א
י	ם	ם	י	ו	ת	מ	מ	ל	ה	ף	ע	כ	ג	א

תרבותי
רוצים
איום
מדמיע
חברתי
גרף
נשים
במגירת
משחק
ההישג

לפטר
מחק
מפת
שלטונו
מזמינה
פופולרי
כישרון
צמח
כרישת
ברחבי

Puzzle 46

ה	ל	י	ל	ב	ח	ג	מ	ס	ל	ן	כ	פ	כ	ל
ו	א	ד	א	ב	ק	ר	י	ה	ל	ד	ו	ן	ר	ש
ל	כ	ב	ל	ן	י	ת	ו	כ	ן	ר	ו	ל	י	ק
כ	ו	ל	ק	ו	א	י	ע	ד	מ	ב	ד	ד	ך	ו
י	ב	מ	א	א	מ	ה	ת	נ	י	י	ט	צ	מ	ע
ם	ע	כ	ל	י	פ	ע	פ	ם	מ	ד	ז	א	ז	ד
ב	ש	פ	ה	א	ת	ו	ו	ח	ק	י	ר	ה	ר	ל
ל	ה	ע	ן	ו	ו	ו	ק	נ	כ	נ	ה	נ	י	נ
ה	ל	ג	נ	ו	ל	א	ת	ו	ן	ד	ס	ת	ק	ס
ת	ב	ב	ט	מ	ב	ש	ה	ק	ה	י	ל	ה	ה	ו
ר	ל	ו	י	י	ח	נ	ת	ו	כ	ת	א	י	י	ת
כ	ת	ו	י	ל	ה	מ	ר	ו	נ	ו	י	ו	א	ם
ל	ו	ל	ה	ר	כ	ד	ר	ד	ת	ם	מ	ל	א	ע
ר	ו	ד	א	כ	ה	ס	ם	ה	מ	נ	מ	פ	ו	ת

לדון
זריקה
מלבד
ולשתות
אבק
חקירה
כלי
בשפה
היתר
להירקב

כובע
בלילה
תקופת
מצטיינת
לשקוע
מעונן
כריך
הולכים
הקהילה
לנסות

Puzzle 47

א	ת	נ	מ	ז	ה	ר	י	נ	א	ש	ת	ת	י	נ
פ	כ	ג	א	ח	ו	ג	מ	מ	מ	ש	י	מ	ה	צ
מ	ר	י	ו	מ	י	י	כ	ס	ק	מ	מ	ק	ב	ם
ע	ר	ב	ל	י	ן	ל	מ	ו	פ	ו	ש	ר	ן	ח
ה	ת	פ	ש	ט	ו	ת	ל	ר	ר	ט	ק	ם	ב	ל
ר	ן	ו	ו	ן	ן	ח	ש	ת	ו	נ	ו	ר	פ	ע
י	ת	ת	ו	ו	צ	ל	ו	י	ר	כ	ם	י	ו	נ
פ	ח	ו	ב	נ	ל	מ	א	ש	י	מ	ה	ה	ל	י
ד	י	ר	ו	כ	ז	א	ש	ק	י	ע	ה	ה	נ	א
ג	ב	י	נ	ה	ח	ב	ר	י	ם	מ	ס	ם	ש	ת
ה	ל	ה	י	מ	פ	ו	ה	ל	ק	י	י	ם	כ	ו
ג	י	ז	ל	ה	פ	ס	ן	י	נ	י	ו	י	ח	ת
כ	ן	ב	ע	ג	ו	ן	ר	צ	ו	ר	ת	ר	ו	ת
מ	◌	ב	ג	ת	פ	ש	י	ש	מ	ו	מ	כ	מ	ס

עפרונות
אשת
לנבוח
הזמנת
משם
בזהירות
מסורתי
רגיל
שכח
התפשטות

צוות
גבינה
משימה
לקיים
אכיל
אזכור
שקיעה
נאמן
מאשימה
חברים

Puzzle 48

ל	פ	ל	ש	א	ת	ב	ו	ק	ם	ע	ה	ד	ת	ת
ס	ק	ן	ר	י	ר	ת	י	ש	ה	ו	ן	נ	ת	נ
פ	ח	ב	ן	ו	ל	י	ס	ן	ט	ב	ש	י	ו	מ
ו	י	פ	ל	ה	ר	כ	ב	ה	י	י	ס	נ	כ	ה
ר	ל	ד	מ	ן	א	ז	נ	ן	פ	ס	ע	י	ף	ל
ט	ז	ר	ו	ת	ש	מ	ע	ש	ו	ש	ר	י	ע	ו
ס	ו	צ	ל	ב	ו	ע	ה	י	ס	צ	ע	ר	ו	ס
ו	ן	ו	מ	ת	◌	ב	ק	א	י	א	ר	י	ד	ל
ת	נ	י	ן	י	ס	ר	ר	ל	ו	ק	ו	מ	ג	י
ו	ש	ע	ה	ן	ח	ו	ע	ה	ת	י	ל	ג	נ	א
ר	ָ	א	נ	ן	ו	ת	ד	נ	ח	ב	ח	ח	ה	א
י	ו	מ	ה	ם	ד	ד	פ	ת	י	א	ד	ב	ר	ו
ה	ר	י	ה	ד	ז	ה	נ	מ	ט	כ	ר	ן	ה	ל
מ	ח	ב	ק	ה	פ	פ	ק	ל	ת	ב	ח	מ	א	ג

הטיפוסיות
אנגלית
ושאר
מעבר
דהירה
חילזון
לקבל
לשאת
שעה
סעיף

תנין
מהירות
הכנסייה
ספורט
חבקה
מרצון
צמיחת
חיטת
שבטן
הרכבה

Puzzle 49

מ	ס	ר	ן	ל	א	ח	פ	מ	ל	פ	י	ע	ה	מ
מ	ו	ת	ה	פ	ה	ש	ק	ב	י	ו	ח	ע	ג	ל
ת	נ	ן	ה	ל	י	י	א	ת	א	ר	מ	ו	ג	א
ק	ל	א	ס	ו	ר	ב	ת	י	ל	מ	ש	ח	א	ד
י	ו	ה	ר	ש	ו	ת	ח	א	ו	ו	ר	צ	ע	מ
ם	ה	ע	ג	א	ב	נ	ו	ד	ס	כ	פ	א	מ	ה
כ	ן	ג	מ	י	י	ל	ר	י	י	ל	ס	י	ש	ד
ר	ו	ע	מ	נ	צ	פ	א	נ	ן	ב	ץ	י	ר	ש
ט	מ	ת	ש	פ	ל	צ	ה	ו	ב	מ	ת	מ	פ	ה
י	ו	י	נ	ו	ר	ט	ק	ל	א	פ	ת	ו	ר	ת
ס	נ	ו	א	פ	ר	ו	ף	ל	ד	ת	ת	ס	מ	נ
ב	ה	א	ב	ת	ש	ז	י	נ	ש	ו	מ	ו	נ	ו
ת	ו	ד	ה	ב	מ	ח	מ	י	י	צ	ח	ב	ל	ע
ו	כ	כ	ו	ר	ח	ו	ר	ח	כ	ו	מ	י	ו	ה

לציבור
לפלוש
לאסור
בשוק
כרטיס
ספר
ארוחת
חשיבת
שמע
אלקטרוני

צהוב
מעצרו
גרסה
חשמלית
מונה
לאמץ
התנועה
אבן
שפות
ממתקים

Puzzle 50

ם	ש	א	י	ק	פ	מ	ד	ד	א	מ	מ	מ	ו	א
ו	ו	פ	ו	ת	נ	ן	מ	ת	מ	ב	ף	ף	מ	ח
ש	מ	י	ם	ו	ו	י	ף	ד	ט	י	צ	ו	ו	ה
ע	ו	ל	ל	ה	נ	מ	ו	י	מ	ר	ן	ע	ש	נ
א	ת	ו	י	ז	ג	·	ח	י	א	י	ק	כ	מ	י
ה	צ	ו	ב	ק	ה	י	ד	נ	ז	ב	ר	ד	י	ו
א	ה	ס	כ	ו	ם	פ	ל	ל	ס	ן	מ	ב	י	ח
ת	ו	ל	ק	נ	ו	ת	ו	ע	פ	ל	י	ו	ע	ג
מ	כ	מ	מ	ו	ל	ו	ל	ה	ב	י	כ	ע	ע	ב
ר	ם	ר	א	ה	ש	ו	ו	ד	ב	ו	נ	ע	ן	א
ח	מ	נ	י	ו	ת	ם	א	ח	ע	א	ג	ק	י	ה
ט	ך	מ	ר	ג	נ	ב	נ	פ	י	מ	א	נ	א	ק
א	מ	י	י	ל	י	מ	מ	ח	נ	י	ד	י	ל	י
ע	מ	ו	ס	א	ע	פ	ר	י	י	ר	ט	ר	ח	ת

ברד
אפילו
ילידי
מבטיחים
זהות
מאז
עוף
שכר
הקבוצה
ומנהל

חמניות
לקנות
ניידת
תשלום
אמון
יצווה
עובד
יריב
לדחוף
הסכום

Puzzle 51

נ	כ	ח	ו	נ	ע	ג	ם	כ	כ	מ	ו	צ	מ	ע
ו	ו	י	ו	ת	ב	ה	א	ד	א	פ	ו	מ	ו	ע
ל	ל	ו	ו	ה	ן	פ	ה	ד	ם	ם	ל	ר	ל	ב
ג	ו	ד	ח	נ	ע	א	א	מ	ו	י	ן	ר	ו	ב
ו	צ	ע	ג	ב	ל	ה	ו	מ	י	א	ו	ך	ח	מ
ק	ן	ו	ת	ו	א	ל	ל	ה	כ	ק	ב	ר	ב	ו
ב	ו	ה	נ	ו	כ	ח	י	י	ן	ק	ס	ו	ש	ד
ר	ח	ו	י	צ	ו	י	ו	ר	ת	ו	נ	צ	ם	א
א	א	י	ע	ע	ה	ח	כ	ם	י	ל	ח	נ	ת	מ
ש	ק	ק	ת	ו	ר	מ	ל	ל	פ	ל	ה	ו	ד	ג
ו	ת	א	ב	ה	ו	ת	ש	ו	ו	ו	מ	ם	ו	ד
נ	ג	כ	י	י	ב	ח	ו	א	ק	כ	מ	כ	ק	ת
ו	י	ת	פ	נ	ח	ב	ו	ב	ש	י	ע	ש	נ	ע
ת	ש	ף	כ	ו	ת	ו	מ	י	נ	ן	ת	מ	ו	ר

אולי
צורך
יודע
למרות
צעקת
מהיר
בחר
הלבב
חכם
תחבורה

סבון
כול
כתף
הנוכחי
נקודת
ראשונות
מתנחלים
באולם
שקופית
לרוקן

Puzzle 52

ו ל ב א ה ס ב י ב ת י ת א א י
מ א י ב ע י ה צ ה ה פ ר ע ה ש
י ר ו א ח ו ד ו ח ע ו ח ל נ י
ר ו ל ף ת ת ש מ ל מ ל ג ר ת ל
ו נ ו מ ק ו ט ו ט ש ה ו ה מ ש
ץ ק ג ל ו נ א ה מ נ כ א ן ו ו
פ ו י ה ן כ ר מ ר ו מ ק ד ו ע
ר פ ה ק ו ק ר ע נ ו ו ס ס צ ר
ת י ו צ י ל ל א ם ח פ פ י ו י
ו ד פ ו ח י ר ק מ מ ר ר י א ה
נ ו ה ת ז מ ר ז י ר ם ס ט ו ה
מ ן ב ב פ ד מ י ל י ת ו ל נ ק
ר ע ו נ מ ל י ס ו ר ד מ ן ט נ
ו ה י ז ו ב ע ת ד א י ק ם ל מ

להקצות
משלח
כאן
סביבתית
מתנה
טייס
בהחלט
משתתף
עצי
פחם

למנוע
מירוץ
ביולוגיה
קופידון
שלישי
הפרעה
עליז
לתרגל
אבא
אקספרס

Puzzle 53

מ	מ	ס	ע	ד	ה	י	א	נ	ח	ו	א	ר	ע	ו
ש	ע	ד	פ	ו	ר	י	ו	א	ש	ל	ת	ו	י	מ
מ	ט	ר	כ	י	ק	ן	י	ד	ו	ת	ף	י	נ	ס
ש	נ	ח	ת	ר	ר	ת	ב	ע	י	מ	כ	ח	ו	ל
ל	ו	ר	כ	ט	ב	נ	ו	ל	ו	ג	י	ת	כ	ם
ו	ר	י	י	ח	ל	ו	ן	א	ו	י	ל	ש	י	נ
ש	א	מ	ס	י	ם	ס	ר	נ	י	ח	ר	ד	ס	ו
כ	ה	כ	ן	ש	ח	צ	ש	ת	ח	ה	ד	י	ל	ה
ר	ב	ה	ם	נ	י	ע	פ	ר	ו	צ	פ	א	ת	י
ל	מ	ה	ר	מ	ת	ר	ז	ו	ל	פ	ל	ק	י	ו
ל	נ	ו	ו	י	ו	ם	ה	ה	◌	מ	י	ד	מ	מ
מ	י	א	ב	ת	ב	פ	ל	ס	ת	ה	פ	ו	ל	י
ב	מ	ע	ר	ב	ה	ר	ל	א	ס	ב	י	י	ל	פ
ח	ד	ש	ו	ת	י	ו	מ	ו	פ	ר	ל	א	ד	ס

אויב
טכנולוגית
מערבה
חלון
פדרלי
לסיכוני
שלוש
לידה
מסעדה
מערת

מכחול
חדשות
ירח
נתן
עזה
סיכת
קרה
סניף
שטח
נוראה

Puzzle 54

ו	ו	י	י	ו	נ	ו	ע	ו	ת	ל	ם	י	א	ק
ה	ו		ט	ה	י	צ	מ	ב	מ	ה	י	ר	ה	צ
ע	ל	י	ל	ד	ו	ש	ו	ב	ד	ו	נ	ב	ו	ג
ה	ד	ה	ז	ר	ר	י	ק	ק	ל	ל	י	ע	ב	א
ר	ל	י	מ	ו	ט	א	ה	פ	ד	ב	ב	ב	ת	א
ת	נ	ו	י	י	ר	ב	י	ץ	י	ד	מ	י	כ	ד
ח	ב	ח	ס	ן	ט	ס	ש	ל	מ	ר	ר	ח	מ	ו
י	א	ר	ד	ג	פ	ה	ש	י	ט	ת	מ	ל	כ	ם
ל	ן	ד	ת	ש	כ	ן	י	ח	ש	ל	ך	ך	ן	י
ה	נ	צ	ו	ד	א	י	ש	ח	א	פ	י	ו	ר	י
א	צ	ר	נ	מ	ו	א	ב	ע	ו	ץ	ו	ח	ב	י
ד	כ	ע	ל	ב	ן	ל	ש	ש	ס	י	ו	ח	מ	ל
ע	צ	ל	נ	י	ת	ו	ר	ח	ת	מ	ר	ל	ה	כ
ג	א	ו	י	פ	ל	א	פ	ו	ס	ע	ל	א	ר	ג

אהוב
צהרי
אטומי
תחרות
חופש
המיטה
שיטת
מכתב
בחוץ
מבינים

בעבר
עצלנית
מזל
סבא
קפץ
שיש
שלך
עדיין
אדום
עמוקה

Puzzle 55

ע	ר	ד	ו	צ	ו	ח	י	ן	ך	ה	ם	נ	ב	ל
ל	מ	נ	ל	פ	ו	צ	ץ	ה	ה	ש	פ	נ	ש	מ
מ	כ	ו	ל	ם	ן	ג	ב	ה	ט	ר	ו	ר	ה	ח
כ	ג	א	ק	ק	ט	י	ש	ו	ת	י	ת	ע	ר	ש
ר	ת	נ	י	ר	ב	צ	ם	ל	ע	ל	ד	ו	ה	ב
ן	ו	ו	כ	ת	מ	ה	ת	י	ח	ג	ב	א	ח	ו
ה	א	ק	פ	ה	ב	ל	ם	ל	ג	ל	ל	ל	ו	ן
ט	ן	י	פ	י	ש	ו	י	י	כ	ו	ב	י	ח	מ
ת	ב	י	ל	ה	ה	ש	ק	ו	נ	ת	ו	י	ו	א
מ	ו	ת	ו	א	ע	◌	ח	נ	ל	ו	מ	י	ש	ע
ח	ר	ש	ע	ר	י	ו	ו	ה	ש	נ	ס	מ	כ	ו
ע	ו	ו	ע	ח	י	כ	צ	ה	ק	ו	ן	פ	ג	ר
ט	פ	ש	ב	פ	ה	א	י	ס	י	ה	ת	ק	ר	פ
א	א	א	ד	ר	י	ן	ו	ש	ר	ל	ר	ב	א	ס

יתושי
שתייקו
צוחקים
באחו
להציג
לפוצץ
לגלות
בלבד
במבט
מתכוון

חגב
חום
הטרור
לשרת
הליכת
מחשבון
פרק
להונות
רעש
נוקשה

Puzzle 56

י	ה	ו	ר	י	א	ס	א	נ	נ	ת	ד	ב	ב	י
ל	ת	נ	ו	ת	א	ע	ש	ש	ת	ן	ו	ו	י	כ
ב	ש	ר	ג	מ	י	ל	ו	י	ש	ד	ח	ת	ו	פ
ם	ד	ר	ד	נ	כ	כ	ו	ק	ב	ל	ה	מ	ח	ח
י	ר	י	ר	ו	ט	י	ק	ה	נ	ג	ל	ש	מ	ל
ע	א	ר	י	א	פ	ת	ר	ו	ד	י	א	א	ו	י
ב	ש	◌	·	ו	נ	ָ	ר	ה	א	ר	נ	ס	י	ט
ט	ר	ר	ה	ה	ה	י	י	י	מ	ו	י	מ	ן	ע
מ	ל	מ	ו	ד	ה	ו	ח	ב	ד	י	פ	ש	ן	ם
מ	פ	ד	ם	ל	ש	י	ו	י	ש	ן	ו	ר	פ	י
ש	א	ו	ר	ר	ד	ו	ה	ל	ח	י	מ	ר	א	י
י	ר	מ	ו	ת	ע	י	ו	ו	ע	א	ש	צ	ר	נ
י	נ	ה	ב	ע	ת	ך	ן	ס	ת	ר	ו	כ	ו	י
ש	ע	ג	ל	ש	י	פ	נ	ת	ו	י	ו	ס	ך	ע

מטבעים
חדש
טעם
קיטור
נפט
הורי
נשיקה
יחידת
כיוון
שלם

מדומה
מחויב
מילוי
שוּנְרָה
ארוך
יורדי
אתגר
קבלה
אשמתו
עיניים

Puzzle 57

מ	ל	ת	ר	ד	ל	י	נ	ר	ם	ה	ל	ו	ל	ב
ט	ה	ת	א	ו	ר	י	ה	מ	א	ה	ל	ב	ן	ו
ר	י	ש	כ	מ	מ	פ	ו	ת	ש	ש	ס	ס	ת	מ
ה	ו	ו	ד	י	ר	ה	ר	ת	נ	ס	י	ך	ן	צ
ל	פ	ח	ו	ו	צ	ש	ל	ה	ב	ו	ד	ד	ו	י
ב	ע	נ	ל	י	ה	ש	ל	ו	ה	מ	ה	ל	ט	מ
ן	ן	ל	ר	ב	ל	ה	ד	ח	ק	ו	ד	ם	ו	ע
ג	ה	ר	ן	ת	א	ט	ו	פ	ו	ח	ג	ר	ר	נ
ר	ו	ן	ג	ו	מ	ת	מ	ח	ת	ד	ש	כ	ש	מ
א	ה	א	ו	כ	ו	ם	י	ש	ו	ל	ש	י	י	ו
ל	ה	ר	ו	ת	ו	י	נ	ו	א	ו	נ	ק	ב	ה
נ	ז	ל	נ	ו	ע	ן	ד	ם	י	ש	ב	ק	מ	ל
כ	י	ל	י	ע	ל	ע	י	א	ו	ת	כ	מ	ו	ת
ת	ע	נ	ת	ש	י	ר	ה	ש	ת	ב	ה	ח	מ	ו

להשתלשל
לבן
לוח
לשנה
להימנע
חומוס
רצה
שלה
המאה
שלושים

נחושת
התאוריה
לארגן
מטרה
נסיך
בודד
קודם
הרי
טלה
ירה

Puzzle 58

ת	ם	י	ק	י	ת	ע	כ	ד	ו	ר	ג	ל	ד	ל
ב	ד	ף	ד	ל	ן	ה	נ	צ	ב	א	ה	ו	ר	ש
ד	ל	ד	ד	ע	י	ב	ב	י	צ	ע	ס	ה	א	מ
ק	ה	ע	כ	א	ו	ת	א	כ	נ	ל	ז	ר	ש	פ
י	ו	ת	ל	מ	ב	נ	נ	י	נ	ק	נ	פ	ת	כ
מ	ו	פ	ה	פ	ו	צ	ש	ר	ל	ב	ט	ת	ו	ע
מ	ע	ד	ל	ח	ק	ו	ר	ה	א	י	ע	ו	ן	ב
ת	א	ה	מ	ה	ר	פ	א	מ	ע	ו	נ	פ	ו	א
ר	מ	ך	ו	ת	ח	ל	י	ב	ס	ש	א	ח	י	פ
י	ס	ו	פ	ו	ו	ו	ו	צ	צ	נ	צ	ו	ל	ך
נ	ו	מ	ת	נ	ק	י	ן	ע	ו	ר	מ	י	י	ר
מ	כ	ס	מ	מ	ל	ל	כ	ת	ן	ש	ר	ב	ג	פ
ם	ן	ל	מ	א	ל	ס	ו	י	מ	נ	ש	ג	ר	ר
ך	מ	ה	ם	ו	ל	י	ה	ר	ת	י	נ	ו	כ	מ

גיליון
ללכת
נשוי
כדורגל
ראיון
להעניש
לסמוך
משפטי
עתיקים
מסוכן

צופה
כיצד
ללקוח
אופנוע
ארנב
מכונית
לחקור
המבצעת
לחתוך
אמנות

Puzzle 59

ד	ו	ש	ה	י	צ	ב	י	ט	ו	מ	ל	ד	.	ו
ה	י	ה	מ	ב	י	ח	ר	ה	ל	מ	ו	ר	ל	ן
פ	א	ו	ס	י	ח	נ	ת	ח	ז	ד	פ	ו	מ	ט
מ	מ	ש	פ	ב	א	י	י	ד	ך	י	ר	א	ה	ל
נ	מ	ת	ר	י	י	ו	נ	ד	ר	ד	נ	ו	ק	מ
י	ד	ק	ת	ת	י	ש	ה	ם	ב	ת	ר	ב	א	י
ק	א	ו	ב	ו	י	ם	י	ם	ו	י	ל	ו	ן	ה
י	ת	ח	ג	ט	י	י	נ	ו	ר	ס	ת	פ	כ	ל
ו	י	מ	ד	י	ע	ד	א	ו	ן	י	נ	י	ו	ש
ת	ר	ח	ו	נ	ל	פ	צ	ל	ל	ס	ו	מ	ל	י
א	צ	ג	ל	ה	א	ג	ר	ו	ף	ב	פ	ל	ו	ו
ח	ש	י	י	פ	י	י	ר	ר	פ	ל	ה	א	י	ר
ע	ב	ל	ם	ג	ה	מ	ר	א	ה	ר	ק	ה	ג	כ
ב	מ	י	ו	ח	ד	ר	ר	ר	נ	מ	ס	ס	ו	פ

מלאה
ברך
לאיית
מוטיבציה
בחינם
במיוחד
להימלט
פרס
להאריך
המראה

תנופה
קאובוי
כולו
מדידת
האגרוף
וילון
המספרת
בסיסית
גדולים
להרחיב

Puzzle 60

ש	י	ם	ה	ה	ב	ה	ק	ף	ף	ר	ת	ב	י	ס
ע	ב	י	ק	ת	ב	ד	א	א	ה	ף	פ	ו	ר	ט
צ	מ	ד	מ	ל	ל	ה	ר	פ	ג	ח	ו	ו	ט	ב
מ	כ	א	י	ש	ל	י	ל	י	ש	ו	ח	ש	ה	י
ם	נ	מ	ו	א	ו	ה	ב	ו	ו	ר	י	מ	י	ו
י	ה	י	ה	מ	ב	ר	ש	ת	ק	ו	ו	י	נ	ק
ש	ד	ר	א	ו	ה	מ	י	כ	ה	ח	ב	ת	ה	ר
נ	א	ת	נ	ל	נ	ו	מ	ת	פ	א	י	י	י	ת
א	מ	מ	ן	ו	י	ו	ג	פ	ל	י	י	ר	ה	י
ל	ו	ט	ש	י	ר	ל	א	נ	ח	פ	ל	ק	ג	נ
ו	ע	ר	י	י	ש	ג	ז	ו	א	ו	ל	ת	פ	נ
א	ר	ת	ד	פ	מ	ו	ח	מ	מ	ר	צ	ג	ם	כ
ל	י	ם	י	ו	ת	ת	ר	ל	ב	ע	ה	צ	ו	י
צ	י	ו	ת	ד	ו	ד	ת	ם	ב	ו	א	ב	ו	י

בטווח
משימת
ידית
האפשרות
שלילי
אמירת
תפוחי
ואוהב
שבדי
אנשים

דודת
המברשת
עצמם
מכנה
תקרית
ללמד
איפור
סיבת
יוקרתי
הטרי

Puzzle 61

ן	ן	ח	ג	ב	ו	ה	ה	ד	ע	ו	ק	ו	מ	ר
ו	מ	ו	נ	ס	ה	ו	פ	ה	ן	ל	נ	צ	ה	ו
ג	מ	ג	ל	מ	כ	ל	ת	ר	ל	ס	ב	ר	ל	י
ב	ת	מ	ל	ל	ו	א	ל	כ	ב	ר	ו	ס	י	ת
ע	ה	ו	ב	ת	ן	ו	ב	ש	ח	ט	ת	נ	כ	ו
ו	ר	פ	ר	י	ו	ר	ו	כ	ע	א	ם	ג	ה	ח
נ	א	ח	א	י	א	מ	כ	ס	י	ל	ק	ו	א	ג
ה	ס	ר	מ	ה	ו	ק	י	י	ש	ן	ת	ע	צ	ה
צ	ם	ל	ו	ל	ש	ס	ש	ג	ם	ו	ת	מ	ם	ו
ע	ה	נ	ו	כ	ח	י	ת	ב	י	כ	ר	פ	ו	מ
ו	ד	ד	ד	ם	ב	מ	ת	י	ק	ל	ח	ו	י	ו
ה	ו	ו	מ	כ	ש	ל	ס	ר	ד	ת	א	מ	ו	ו
ל	ל	ח	ע	י	מ	י	מ	ש	א	ל	ו	ע	נ	מ
ח	י	פ	ו	ש	י	ת	ט	מ	ו	פ	ו	י	ו	ח

רכיבת
הנוכחית
למה
מצב
חשבון
סרט
הליכה
הוקי
שאל
חיפושית

הצעת
גבוהה
מנעול
עמדו
מקסימלית
עכביש
ועדה
אחר
בכלא
דקים

Puzzle 62

ב י ש פ ב ע מ י ר ק ם מ נ ה י
ח י ר ע ה י ר ת ר ו פ ה ש ע מ
ו ח ר צ א ח ר י ו ת ב פ י ה ה
ר ב י מ י ר ש ו א מ מ פ ו ל ג
י ת ב א צ א ג ל ו ב ו ס ח ס ק
ז ו י י מ ר נ ם ש ה ו ה ט י ק
כ י ת ת ה ח ר ה ל מ ש ב ר ע ב
ר ש פ ע ל ו ר י מ ב ב ב ר ע ל
מ ו י י ר ד א ג ב ה ו ו ע ק ב
ה ו מ ב ש ש י ח צ ג ת נ ו מ ת
ש א ת מ ת ע ג ל ן נ פ נ ת ת פ
ב ל ת ן י ת נ ג מ ה ל פ ו ו ח
ד ו ד ם א ד מ ו ן א ע י ח ת מ
ת ו נ נ ל א א ו ר ש ן א א י א

עצמאית
אחריות
המרכזי
תמונת
חודש
מגיעים
לערבב
שווא
גלובוס
אחותו

להופיע
מעשה
תרופה
בערב
להמציא
מתוק
בחורי
משב
בהגנה
פרח

Puzzle 63

כ	ת	ג	מ	ל	ח	ב	פ	ר	ס	ו	ם	י	ב	ח
ו	ב	נ	פ	ה	ם	ת	ג	פ	ל	ן	ג	כ	ד	י
א	ל	ש	י	ו	ה	ש	צ	י	ת	ס	ו	ו	ל	ו
ב	ט	ל	ה	צ	ה	י	ר	ז	י	ר	ת	ע	ד	נ
ו	ו	י	ר	א	פ	פ	ל	ב	ע	ר	ו	פ	ת	י
ה	כ	ר	ח	י	ת	ק	ה	ר	מ	ר	ר	ל	ר	ו
ר	ו	ח	פ	ע	מ	י	ק	ד	מ	ת	ו	ד	מ	ת
ר	ו	ב	מ	ע	פ	ה	ש	ה	ו	ה	ק	ת	י	ג
ה	א	ן	מ	י	נ	ה	י	ע	מ	א	נ	ר	ת	כ
ח	ג	ג	ה	פ	ע	מ	ב	ה	ו	פ	ו	ט	ל	ס
ו	ה	א	י	ו	ד	ו	ק	א	ל	ם	מ	כ	ה	ת
ע	ו	ל	ס	ב	ב	ר	ג	ו	ג	ה	ל	ן	כ	ם
פ	מ	פ	ג	י	ס	ל	מ	ל	ד	ת	י	ו	ב	ד
ע	ו	ר	ש	ע	כ	א	ב	ם	א	מ	צ	ו	ו	י

כואב
חיוניות
אולם
היקפי
להצהיר
הכרחי
רוקנו
פלדת
תרמית
להקשיב

ספציפי
כלכלת
גרב
דעת
לפשט
כדי
מלח
פרסום
זירת
רעב

Puzzle 64

ק ה ל נ ד ת י ל ה י ק ר ע ק ת
ר מ צ נ ו ן י ת ל כ י ו ו ן י
ר ס ו מ ב ר ב א צ כ צ ת ב פ ק
ט ו ע נ ת מ ח ש ב ת ו פ ש י מ
ח ג ס י א נ ב כ ר ד ר ט ה נ מ
ב ל י י ן י כ ה א ו פ י ח ד פ
ו ד ע ל ו ט ו צ נ ת י ש ג י א
ף פ פ י כ פ י י י א ו ה צ י ר
מ פ ח ד נ י ם ג י ד ר ה ש מ ס
ט ע מ פ ל ל י א ש ה ל י מ ס ו
נ ן ם ת ה א י א י ז מ ק פ כ פ
ו ת ש כ ו ג ר מ י ן ן ע ת מ ר
ה ת ה מ י א א י ן ה ב מ ת ה ח
ו א ם ש ה מ ז י צ ע מ ו א נ א

אליפטי
טוענת
יחד
לייצא
פחדנים
מנה
להשאיל
תודת
רכב
היקר

אישי
פטיש
פיצה
מחשבת
קיצור
לנכון
האופי
לכיוון
שבוע
המסוגל

Puzzle 65

ה	ש	ל	ו	י	ו	ת	ל	ב	ש	ל	מ	י	י	ר
נ	ו	ו	ק	כ	ו	מ	ע	מ	מ	מ	ס	ו	ק	ל
ו	ק	י	ח	ה	ח	ש	ר	ד	ז	כ	ר	ן	מ	מ
ע	ו	ת	ש	נ	ט	א	י	ע	ר	ו	ת	ד	א	כ
ז	ל	ג	ל	ו	ג	ם	צ	מ	ק	ר	י	א	מ	ו
ו	ד	ל	ח	כ	א	ק	ח	צ	ה	ד	ה	ש	ר	נ
ת	א	ע	ס	נ	ב	ו	מ	י	ת	ן	ו	צ	ר	ת
·	ת	ש	ר	א	א	ל	ו	ד	פ	ד	ל	ה	ו	ב
מ	מ	ף	ל	ו	ד	פ	ר	ר	פ	ל	פ	ר	ו	ר
ת	נ	ו	ל	כ	מ	ח	א	ב	ו	ת	ג	ו	נ	ע
ו	א	י	א	ו	ק	ד	ר	י	ר	ת	ג	ר	ן	ר
י	ל	ת	ק	י	ת	ע	ע	ו	ש	ה	א	א	ו	נ
ד	ו	ה	ה	ו	ל	נ	ח	ל	נ	י	ו	ל	ד	ו
י	ב	ג	ר	מ	ד	ה	מ	פ	א	ב	י	ל	ע	נ

לגלוג
מזרקה
חצי
יער
שוקולד
מכונת
למדידת
ציד
הנועזות
רעל

רופפת
רצון
נכונה
למכור
שטוח
לבשל
ערבת
עתיק
לילד
מסוק

Puzzle 66

ת	ה	א	נ	מ	ו	ש	ב	ה	ל	ק	ו	א	כ	ה
ש	י	ת	ה	ל	ש	ל	מ	ו	ו	ע	ח	ק	ו	ו
ו	ת	ו	מ	ב	כ	ו	ת	ש	ס	י	ר	א	ס	ת
מ	ח	ל	נ	ו	ח	ו	ו	ב	ה	כ	ב	ן	ט	מ
ט	ר	ת	ה	ר	ר	ה	ו	ו	פ	ו	ד	י	ה	ן
י	ז	ד	ו	ת	ת	ה	ה	נ	ע	ל	ו	ע	ד	ד
פ	א	י	ף	מ	י	ח	ד	ר	י	ת	כ	ץ	ר	פ
ו	ו	ש	ל	ט	ו	ק	ת	ת	מ	ו	ג	ת	ג	ת
ס	ו	ו	ט	ב	ד	ל	ו	ו	ת	ק	ז	ו	ת	ן
י	י	ם	ת	ש	ל	ת	א	ן	ל	י	ר	ה	י	ת
א	ס	פ	ק	ת	י	א	ל	ע	ד	ר	פ	צ	ו	ו
ר	ה	י	ל	מ	י	נ	י	א	פ	ה	א	א	פ	צ
י	מ	ל	ת	ו	פ	א	ו	י	ח	י	ו	א	א	א
ד	ק	ו	ת	נ	י	ו	ם	י	ע	ב	ר	א	ן	ג

לנוח
חרב
מרדף
דקות
כוס
אספקת
פרץ
ארבעים
טיפוס
פעימת

הדרגתי
אזרח
יכולת
שלווה
תיקון
צפרדע
ריקות
שינוי
וילאות
גזר

Puzzle 67

ש	א	ע	מ	ו	י	ו	ו	א	י	פ	·	ש	ח	א
י	נ	ב	ו	ע	ה	ם	ו	ה	ו	פ	ו	א	א	ה
מ	י	ת	נ	ש	ר	◌	כ	ר	ה	ן	א	י	א	ס
ת	ג	ו	ז	י	ג	י	א	ר	כ	ג	כ	ה	ה	ה
ר	ו	ד	ו	י	כ	ב	י	מ	ס	מ	ה	מ	ב	ה
ו	י	מ	ע	ב	ו	ר	ר	ל	ם	ף	ל	נ	ו	ו
ת	ו	ר	ם	ל	י	ל	ח	ד	ק	צ	ן	ג	ח	ל
ן	ל	ש	ר	ד	י	ל	ט	ו	מ	ר	ע	ט	ר	ב
ב	י	ו	ש	י	ש	ת	ל	ק	ה	ב	ש	ק	י	ע
ב	ג	ם	ע	ש	ש	א	ש	ר	ת	ת	כ	ע	ד	ב
ר	ן	ן	כ	ו	ס	ע	ב	ו	ל	ן	כ	צ	נ	ה
כ	ר	ד	ח	מ	ו	ק	ר	ג	י	ה	ש	י	מ	ג
ת	ה	ת	ר	ס	ק	ו	ת	י	ר	ג	ש	ל	ת	ו
ה	מ	ו	מ	י	ה	ר	ו	ג	ח	מ	ו	י	נ	מ

המומיה
כהה
סוכן
זועם
ברצף
עשר
קול
ראי
התרסקות
רחוב

גמישה
בברכת
רשלן
נדיר
גילוי
מצלמה
חגורה
דחליל
תחושת
אהב

Puzzle 68

ש	ב	ב	ב	י	נ	ש	ה	ע	פ	ל	מ	ה	ד	פ
ק	ו	י	ס	פ	ד	ן	י	מ	ר	ו	ב	י	ו	ו
ב	ת	ל	י	ל	צ	י	ו	ת	פ	א	ח	ע	ק	מ
פ	ו	ת	ס	י	מ	מ	ד	ץ	ר	ו	ר	ת	ן	מ
י	ר	ל	ו	כ	י	א	ו	ו	ר	ש	י	מ	ה	ו
ב	ב	ר	ד	מ	ו	נ	ש	צ	ת	ו	ו	ד	ה	ק
מ	ו	מ	ז	ד	ש	ת	נ	י	ק	י	א	י	ם	י
ל	ו	ע	ת	ו	י	מ	ה	נ	ה	ו	ת	ו	ג	ו
ת	ו	ה	פ	ו	נ	ת	ל	ל	כ	י	ח	ה	י	ו
ל	א	צ	ט	נ	ו	ו	א	ר	ט	ל	י	ד	נ	ה
ש	ש	ו	ק	י	ב	ח	ד	ח	ן	ו	ש	ך	ם	ל
ב	ר	ב	ת	ר	י	פ	נ	ו	ו	ו	ח	א	ו	ש
ז	ו	ר	ו	ו	פ	ג	נ	ש	ש	ל	ו	ח	מ	נ
נ	ד	נ	ח	ר	ל	ש	ו	פ	ט	ו	ר	ו	כ	א

רשימה	פרפר
ניצוץ	שחור
השני	מחול
אמין	מכיל
ביקוש	צלילת
לשופט	היי
מבחר	בסיס
לשבור	מתוח
דורש	לתל
ידידותית	ברות

Puzzle 69

י	ט	ב	ר	ָ	ן	ק	ר	י	נ	ם	א	נ	ק	ת
ה	ך	ו	ה	ה	י	א	ר	ג	ל	י	ג	ה	ו	ו
ם	י	ו	ו	צ	י	פ	ח	ך	ד	ד	ך	א	ר	א
ר	מ	ג	ב	ר	נ	ק	ס	ו	ה	ד	מ	ק	א	י
י	ע	י	פ	י	ב	י	ת	ו	ס	צ	ו	נ	י	ר
ש	ר	ז	ד	ה	י	י	ת	ו	ע	ל	ד	ד	ם	ב
ר	כ	ן	מ	ן	ר	ק	ה	ח	א	ם	ד	א	א	ו
ו	ת	ש	ט	ר	נ	ס	ב	מ	ה	י	ר	ו	ת	מ
מ	ך	י	מ	נ	פ	א	ר	ש	ב	ל	ה	נ	מ	ר
פ	ו	ה	צ	ר	ע	י	ר	א	צ	ק	ש	ו	ל	ת
ש	ש	ו	ע	פ	י	ו	כ	ת	ד	א	ס	ר	ו	מ
ו	מ	ח	י	י	מ	מ	ה	ל	ת	ה	כ	ר	י	ה
ט	ל	ו	ע	ת	נ	מ	ו	ת	נ	ה	ב	ו	ג	ל
ק	ו	ג	ת	ו	ל	ו	י	ע	ל	ח	י	ג	ח	ן

קאפקייק
סחר
קוראים
בהמשך
רגלי
הישן
תלוש
לגובה
האקלים
במהירות

הספר
עצמאות
מערכת
למשוך
בניין
צדדים
פשוט
מנהל
בריאות
בשר

Puzzle 70

ב	נ	ר	פ	ר	ה	ת	א	מ	צ	י	ת	י	מ	ר
י	נ	ש	י	ת	ל	ו	ר	ט	ע	מ	כ	א	כ	ל
א	ב	ו	פ	ו	י	ק	ו	ו	א	ד	ס	נ	א	ו
פ	ט	ר	י	ו	ת	ש	ן	ח	פ	פ	י	מ	ו	ב
ל	ר	ו	ר	ח	ש	כ	ק	ו	ו	ט	ר	פ	ה	ו
ס	א	ד	א	ה	פ	פ	ב	י	נ	ט	ל	ב	ה	ח
ב	מ	י	ו	מ	ו	ע	ד	י	ת	ח	מ	ש	ל	נ
ו	פ	ג	פ	א	ח	מ	ק	ה	ס	ע	א	ר	ך	י
ל	כ	ל	ה	פ	ש	מ	י	ם	ב	ה	מ	ג	צ	ם
ק	נ	ר	י	ו	צ	פ	ג	ד	ת	י	ו	ל	י	ל
כ	ש	ו	ט	פ	ו	ק	מ	מ	ב	ט	מ	י	ת	ק
ק	ח	ו	ר	א	ן	ב	ל	ב	נ	מ	ו	י	י	מ
מ	נ	ל	ר	ו	ק	ע	ל	ת	ם	א	י	ם	ש	י
מ	ס	א	ח	ב	ש	פ	ך	ן	ל	ב	ר	ש	י	ת

פטריות	כביסה
בוחנים	שמים
כמעט	גמל
שחרור	חופשת
חוות	רגליים
לסבול	קשור
ארון	לשמחתי
לעקור	קמח
מועד	אפונת
לגידור	מעדיפה

Puzzle 71

ד	ע	ל	י	ל	פ	ף	כ	ל	א	ע	ו	א	ג	ס
מ	ש	א	ל	ה	ב	ס	כ	ס	ש	ע	ו	ח	מ	ד
פ	ח	ד	ה	ת	ע	ו	ר	ר	י	ז	י	מ	ש	ר
א	ר	ת	ד	ח	ק	ס	י	ן	נ	ב	ס	ל	ס	ה
פ	מ	ת	ג	י	ב	ם	ב	י	ו	ב	י	מ	ת	ג
י	א	ם	ה	ל	ו	ת	י	ט	א	מ	ל	נ	י	ד
פ	ר	ו	ט	ו	ת	ם	א	ק	ת	א	ה	·	ב	י
ו	ו	ק	ל	ן	פ	י	ו	ל	י	ל	ו	ד	ו	ו
ה	מ	מ	נ	ק	ת	ל	ב	ל	ו	ר	מ	ן	י	ן
ד	ן	ו	ה	ן	ו	ח	י	ת	ע	ב	י	ת	ח	ר
ד	ס	ק	א	ח	ו	מ	י	ת	פ	ת	ו	כ	ז	ב
מ	ו	ו	ד	ב	ע	ש	ק	מ	ג	ה	ש	י	א	ה
י	מ	ו	ל	י	צ	ל	ט	י	מ	ח	ו	ש	ו	ו
מ	ה	ד	ה	ו	י	ה	ת	ד	ע	א	ב	ו	ו	ס

אוזניים
אגס
עשרים
האיש
התנהלות
בזכות
בעקבות
התעורר
חיובית
תמיד

קומקום
רשמי
פרוטות
אובייקט
משאלה
דיון
להתחיל
לצילומי
קטין
לחמש

Puzzle 72

ה	א	פ	ב	פ	ך	ם	ה	ם	ש	ג	ט	ו	א	נ
מ	ש	י	ד	ק	ה	ל	פ	ע	פ	ש	י	ל	ה	ע
ת	ד	ו	ל	ו	ס	ע	ו	ה	ת	י	נ	מ	ח	צ
א	ו	ק	ו	ח	ש	מ	ו	ש	י	י	כ	ר	ו	ב
י	י	ס	מ	ה	נ	ת	מ	א	ר	ך	מ	ת	ת	ל
מ	ל	ב	י	ה	נ	י	ס	ו	י	ן	ר	ו	י	א
ה	ד	ר	ל	כ	ר	ו	י	נ	י	ה	ך	י	נ	ג
ב	ר	ן	פ	ו	ו	ר	ד	י	נ	פ	מ	נ	ם	פ
ק	י	י	ו	מ	נ	י	ל	מ	ש	ל	ל	ק	ד	א
נ	ד	ש	נ	נ	י	י	ת	ו	ו	י	ת	י	ה	מ
ו	ר	י	י	ם	ר	ל	ם	ר	כ	ב	ת	ר	ו	ט
י	י	ו	ל	ל	ה	ו	ק	ס	ת	ת	ת	מ	ח	ל
ב	ו	ל	מ	ו	י	ח	ה	ה	ק	ת	כ	א	מ	ר
ו	מ	ו	ר	מ	ט	ר	ח	מ	ר	ח	ו	ו	ג	ף

רכבת
פוני
יותר
נמוכה
השווה
סיכוי
אמריקני
כרוב
נואש
מתאימה

בלונים
לבצע
שחוק
שייך
דשא
למשל
הניסוי
ניתוח
להקדיש
שפע

Puzzle 73

ל	נ	ה	ב	ב	ע	ו	י	ו	ן	ד	פ	ח	ז	ה
י	ע	ד	י	ם	פ	ג	ח	פ	ח	ד	ר	י	ו	ו
א	ו	ר	ל	ה	ז	כ	י	ר	י	ר	מ	ו	מ	ע
ן	ד	ן	ו	מ	ע	פ	ה	פ	י	ל	ד	ת	ק	ר
י	י	נ	צ	ך	א	מ	ת	ר	ר	ל	ו	ו	ר	א
ב	ו	מ	ז	ח	ל	ת	ב	ת	ז	ת	ה	ט	ן	ש
י	צ	י	ב	ה	ו	ל	ו	ז	ת	ח	כ	ק	ל	י
א	ב	מ	ה	י	ו	ה	נ	ו	פ	י	ב	ר	מ	ד
ח	י	י	ם	י	א	ב	נ	ר	ה	ב	נ	ו	נ	ו
ק	י	ס	פ	ה	ל	ן	ו	ד	ע	ו	מ	י	ו	ר
א	ח	ט	ת	ל	פ	ה	ת	י	ו	ד	ם	נ	ר	ו
מ	ם	ב	ש	ר	ף	ו	ע	ע	ל	י	ד	ר	ה	ו
ש	ג	מ	ם	ח	ו	נ	מ	ג	י	כ	ל	ו	ר	ן
ה	ת	א	מ	ה	מ	ד	ק	ה	ו	ר	ו	ת	ר	ב

מועדון
שטיח
פעמון
בחזרה
ידע
יציבה
להפסיק
קרן
מזחלת
התבוננות

רקטות
ידוע
דליפה
חיים
חיות
חייב
להזכיר
שידור
לערוך
מנורה

Puzzle 74

ן	א	ב	ל	נ	ה	ל	ש	ה	א	ב	ו	ר	נ	ד
ג	י	פ	ו	ס	ק	ו	פ	ב	ח	נ	מ	ח	ק	ר
מ	ן	י	ל	נ	ס	ט	ב	ו	ד	ה	א	נ	ם	ו
ת	ם	ו	ו	ז	צ	ר	ד	ל	ק	ב	ו	פ	י	מ
ל	י	ח	ה	ל	י	ה	ל	ו	ל	ש	ל	ת	נ	ש
ן	ד	מ	ד	ה	ו	ג	פ	ע	י	א	פ	ר	ו	ל
ה	ח	ע	א	ח	ן	ד	ג	מ	מ	ל	ל	ו	מ	ש
ג	כ	ו	ו	י	ל	ת	ס	ג	ו	ו	ה	כ	ר	ל
ר	נ	נ	ד	ב	ק	מ	ב	ס	ל	נ	נ	ו	ע	ק
ס	ן	י	י	ה	ו	ו	ח	י	י	מ	א	ע	פ	י
פ	ל	י	ש	ר	מ	כ	ב	ר	ו	א	ב	ת	פ	א
ו	ד	ה	ן	ש	ב	מ	ד	נ	מ	ט	ר	ת	י	ל
י	ת	ס	ש	ב	י	ה	ע	ב	א	ע	ל	ה	ב	כ
ו	ג	ק	מ	ו	מ	ר	ב	ר	מ	ו	נ	ו	פ	ל

אחד
לנהל
כמה
סופי
ערמונים
נאה
להחיל
אודישן
שבו
שנת

לדפוק
ציון
החיבה
רפאי
נכחדים
עוני
לוטרה
לשלול
לשמור
מחקר

Puzzle 75

א	ב	נ	נ	מ	פ	ה	מ	ו	ד	ח	ד	מ	ל	ה
ק	א	א	י	מ	י	כ	ב	ק	ב	ו	ק	י	י	ר
ח	ב	ו	ס	ב	ו	ר	ק	א	מ	ש	י	ט	ע	ג
י	ט	ח	י	מ	י	פ	י	ל	ד	ב	ר	ק	ל	י
א	ל	נ	ו	ק	ל	ד	ו	מ	מ	י	פ	ר	ש	ש
ד	ל	ת	ן	ל	ת	מ	ט	ה	א	ם	ח	א	ר	ה
נ	ט	נ	ל	ו	ע	ד	ע	ל	ו	ר	ו	ה	נ	ו
ת	ע	ם	ו	י	ר	ל	י	ה	י	ד	מ	ו	נ	ה
ר	ד	ח	ל	ת	ו	ש	ם	ס	מ	ו	מ	ר	כ	ז
ח	ו	י	ג	ח	ה	ה	ו	ו	י	ש	ר	כ	ו	ת
י	ע	א	ה	ת	ו	ר	י	ו	ו	ב	מ	ד	ק	ו
ש	נ	נ	מ	ש	ר	ו	מ	ד	ח	ף	ב	ן	ה	ז
ר	ל	פ	ן	פ	ו	מ	ט	ר	ת	כ	מ	ח	ח	ו
ע	א	נ	ח	ה	נ	מ	ס	ת	ו	מ	ה	ר	ה	ה

דחף
מרכז
תרחיש
לעיל
ניסיון
למד
הסוודר
קרוב
טעים
תקן

הרגישה
הארקטי
שמונה
חושבים
מודל
דומה
בקבוקי
מטרת
לדבר
מעיל

Puzzle 76

כ	נ	ל	פ	ה	ס	ל	ל	ש	ש	י	ר	ו	ס	ב
ע	ע	ל	ט	ק	ו	ע	מ	ב	ן	א	ח	י	פ	ח
ל	ר	ס	נ	ב	י	י	י	ל	ו	נ	ח	מ	ת	ב
מ	נ	ת	ו	א	ו	ת	י	פ	פ	ו	ר	מ	ע	ר
ף	י	ז	ש	מ	ב	ש	צ	ו	ש	י	י	נ	ע	ה
ה	ן	מ	ס	מ	ח	ט	מ	ש	כ	נ	ק	ר	ס	מ
כ	י	ו	ר	י	פ	מ	י	ר	מ	ב	ר	ע	ל	ר
ח	ד	נ	ה	פ	ו	ד	ר	ת	י	נ	ו	י	ד	ב
ר	ב	י	י	נ	צ	ע	ל	ל	ה	ר	ש	נ	ח	א
ל	ו	ב	ט	ה	ו	ן	ע	ר	ב	ו	ל	ו	צ	ר
נ	ג	ח	י	נ	א	א	ט	ט	פ	ש	מ	ל	א	פ
ר	ו	ם	ם	ו	א	ג	ו	ו	נ	◌	ר	י	י	ש
מ	ח	ע	ב	א	ב	ג	ף	ל	ר	פ	ל	י	ת	ל
ר	ב	ר	ו	י	צ	ב	ו	ל	ג	א	ו	ר	ו	י

הון
לעטוף
לערב
ומסודר
מחט
בדיונית
נשר
ספת
שחי
רהיטים

ציור
למשפט
מאבק
מדען
עניי
חצאית
שזיף
חוששי
בחברה
מסרק

Puzzle 77

כ	ב	א	ס	ת	ו	נ	י	ה	ר	ם	ר	י	י	ו
א	ד	ת	פ	נ	ב	ו	מ	צ	ע	ב	צ	ק	מ	ת
ת	ק	ס	ג	ס	ל	י	ר	ח	ו	מ	ם	ב	ם	ב
א	ו	י	ם	ר	י	ש	ג	ע	ח	י	ו	ש	ה	ב
ת	ו	מ	א	ו	ח	ר	ל	י	ת	ע	ש	י	י	ת
ע	ה	ט	נ	ש	ר	כ	ם	י	ר	ו	א	ג	ה	כ
ק	ת	ח	כ	ע	פ	ר	ח	ח	ד	ק	א	ע	מ	ד
ש	א	ס	ם	צ	ת	ס	ה	ו	י	ם	ת	ר	ב	ח
ה	ס	א	י	ל	י	פ	ר	ו	ק	ו	י	ל	ה	ם
ע	ס	י	ר	כ	ר	ע	ס	י	מ	נ	ה	ל	י	ר
פ	ב	ל	פ	ח	י	צ	ן	ו	י	ע	ר	ש	נ	ג
ש	מ	ק	א	ל	ח	ו	א	ל	י	ע	מ	ו	ר	א
ה	ר	ל	ו	ו	ם	ב	מ	ו	צ	ג	ו	ת	כ	ב
ו	י	ד	מ	ל	י	ב	ת	נ	נ	ט	ס	י	ו	ה

יחסי
תוספת
חברת
רעיון
אקדח
צמחים
פרחי
בדקו
עצוב
בעצמו

עשור
אור
יגע
תעשיית
מאוחר
נטה
השפעה
רגל
שיר
השקעת

Puzzle 78

ס ר ו ח ת ל פ ח ו י ב ח ב ו ג
ע ס מ מ ר ו ב ע ק פ ב ו מ מ ת
ו ק ל ל י י פ י ט ש י מ ח ת א
נ י ל ל י ה ר ב נ נ ת ש ק ל ו
ל מ ת א צ ו כ ב י י ק א ר מ ל
ק מ י ה ל ם ל ן ם י י ב י ח מ
ע כ י א ו מ ה ו ס ל ז נ ם מ ח
ט א ו י ג ר ר ז ו כ ו ז ג י ס
ת ת מ ש ס ד א כ ת ש פ ח מ ש ר
ת ר כ נ ז ה י ר ו ה ו ף י ה ת
ת ל ד ן ו נ ע י כ ם ן ש ה ו ו
ה ק ף ב ס פ ו ה ח ו ו ח ב ה נ
מ ◌ ה ו ה מ ב ה ל מ ע ל י ל ח
ר פ ד ה ש ה א פ י פ ר י ב ב מ

הלם
זכר
במחקרים
משאב
סגול
כמו
זהיר
מסע
עפה
קטנים

מחפשת
מישהו
יכול
לחכות
חסרת
בבית
מרובע
לאותת
נשיא
לצייר

Puzzle 79

ח	ו	ד	ח	ה	◌̇	ת	ש	א	כ	ד	ק	ל	ו	ה
מ	ו	ח	ת	מ	ר	ה	נ	ה	ר	מ	כ	ב	נ	ו
מ	י	י	ו	נ	י	ן	פ	ב	א	ו	ש	ם	מ	ב
ב	ה	ך	ו	ע	ב	ו	א	ת	ה	י	מ	י	ו	ו
י	ם	י	ק	י	ק	ל	ח	י	א	י	י	א	א	ל
ל	י	ר	ש	ו	א	מ	ה	ד	כ	ם	ל	ג	ק	ו
ח	נ	ע	ו	ו	ו	ב	ס	ה	ק	ו	ח	ר	ו	ג
י	ש	ה	ר	ל	ה	ס	ר	ד	מ	צ	ת	ס	ז	ם
ו	י	ל	ם	ק	ר	ן	ו	ם	ו	ע	פ	י	מ	מ
פ	י	ק	ש	מ	ל	ע	כ	כ	ר	ש	מ	ב	י	נ
ל	ב	מ	ע	י	י	ר	ה	ך	כ	ב	ו	י	ו	מ
ר	ו	מ	פ	ל	ם	ר	ו	ת	ב	ת	י	כ	י	מ
ל	ש	פ	ר	ו	ה	ת	ע	ל	ו	מ	ת	ן	א	מ
ר	מ	ל	פ	פ	א	ב	א	י	ב	ש	ב	י	ן	י

הנהר
אהבת
עיירה
המאושר
מורכב
כמשי
חלקיקים
ובכך
מיוחד
במלון

כורסה
אגרסיבי
עצום
איכות
מפתח
ביישנים
תעלומת
מקל
לשפר
להעריך

Puzzle 80

ו	ת	מ	ל	מ	צ	צ	ת	ע	ת	י	ז	כ	ל	כ
ס	מ	ל	מ	כ	י	ב	ם	ל	ה	ק	נ	ס	ש	ו
מ	י	ן	פ	ד	ו	ח	ה	ת	י	כ	ב	ף	ע	ו
י	ח	ר	נ	ג	ן	ו	ס	ש	ו	ת	מ	ן	ב	צ
ל	י	א	ת	ו	י	ט	ר	ק	ו	מ	ד	ה	ר	י
ת	ת	ע	ת	פ	ה	ש	מ	ת	ל	ח	ל	ם	מ	פ
ע	ג	ר	י	ה	ל	פ	נ	י	א	ל	ת	ת	ך	ו
נ	א	ר	ו	נ	ר	ט	ר	ל	נ	ה	ו	ר	ת	ר
ת	נ	י	י	ם	ב	ב	א	ג	ל	ה	ס	ב	י	ר
נ	ר	מ	א	ת	ר	ע	ש	ע	נ	פ	י	ח	י	ש
ת	צ	ל	ו	ם	ו	ר	י	מ	מ	ל	י	ץ	ה	מ
ב	ו	מ	א	ה	ר	ג	ו	י	נ	ט	ו	מ	ט	ש
ע	י	ר	ו	ל	י	ת	ת	נ	ד	ת	ג	ר	א	פ
ח	ר	ס	ר	א	ם	ב	פ	ו	י	ה	נ	ב	י	י

ראשיות
ברורים
לשעבר
מעגלית
ממליץ
הפתעת
מחלה
תחושה
תצלום
לתרום

בכיתה
להסביר
טבע
ציפור
הדמוקרטי
כסף
לפני
לתת
שמש
להירגע

Puzzle 81

ד	ר	י	ל	ת	ר	ש	ח	ה	ו	ר	ח	ד	ע	ת
ב	ם	י	מ	ה	ל	ש	כ	כ	נ	מ	ח	י	ש	ע
פ	ן	כ	ת	כ	ל	ו	ה	ז	ר	כ	נ	ש	י	ג
ם	מ	ע	ו	ג	ל	ט	ו	ה	ג	ש	מ	ב	ן	ד
ר	ד	ת	פ	ג	ו	נ	ד	ו	ב	י	ת	ה	ו	ו
נ	ח	ת	צ	א	ח	כ	ו	כ	ד	ו	נ	מ	א	ו
ס	מ	ת	ל	ר	ח	ג	ו	י	י	ב	ד	י	י	א
ב	ג	ו	א	פ	ד	י	ו	ק	א	מ	כ	ה	ז	פ
ז	ן	ך	ר	ב	ל	ק	ם	ו	נ	ר	ר	ב	ו	ו
ע	ב	ר	א	ב	ן	ע	י	י	ף	מ	כ	פ	מ	נ
י	ם	י	ג	י	ש	מ	ו	ת	ס	נ	ו	ע	ת	ה
כ	ג	נ	ש	י	ח	ת	נ	מ	י	ו	ם	ו	ל	ב
ו	א	ו	ה	י	י	ו	ר	ו	א	ע	ד	ל	י	פ
א	ת	צ	י	א	ר	ח	א	מ	ד	ב	ר	ת	י	ר

מוזיאון
לצפות
משיגים
כזה
דומדמניות
נטו
עזב
אפונה
כרכום
פעולת

הולכת
עייף
אחראי
דיוקן
בארבע
מדברת
לברך
שיחת
אגם
מסמר

Puzzle 82

ך	מ	ב	פ	ב	ו	ל	מ	י	ה	ד	ה	נ	ע	מ
ה	ת	פ	נ	ר	ה	ל	ת	פ	ס	ק	א	ג	א	צ
א	י	ו	ה	ר	ד	ה	י	ס	ו	ס	צ	ט	ע	ל
ח	נ	ו	ו	א	י	ש	י	ע	ז	ג	מ	ם	ל	ב
ר	ו	ס	ז	מ	ק	כ	ח	ר	ם	י	פ	י	ל	ק
ו	ק	ה	ה	כ	פ	ר	ס	ח	ל	ה	א	מ	ח	ה
ן	ר	ל	י	נ	ת	ת	ת	ה	ע	ס	א	ש	ת	ה
ה	ו	ג	י	י	ב	כ	ת	ת	ד	א	מ	ג	ע	ת
ד	ד	נ	נ	י	ק	נ	פ	נ	י	ב	ס	ן	ר	ם
ו	ף	ל	ש	ט	ו	ף	ס	מ	נ	ס	מ	ל	ד	ה
כ	ו	ש	ו	ע	י	מ	ע	ו	ה	ה	ם	ח	ע	י
מ	נ	ש	ע	מ	ד	ו	נ	ח	ר	מ	ס	א	נ	◌
כ	ר	ו	ט	ג	ר	ח	כ	י	ח	ל	ל	מ	ד	ו
ה	ח	פ	ד	ע	ם	ל	ת	ר	ו	ם	ד	ק	ו	מ

מענה
מתייחסת
מצאה
להתנועע
קליפים
האחרון
צלב
להשכרת
עדינה
הכפר

החמאה
גשמים
אזהרה
תינוק
מוקדם
תפקיד
דיוק
לשטוף
להרוס
גזע

Puzzle 83

ת	ד	ח	נ	ת	מ	ק	מ	ו	ת	ח	ה	נ	י	ר
י	ב	ר	י	כ	ג	ה	ס	ג	ו	ל	ר	ו	א	ל
ת	ה	ד	ר	פ	ו	מ	ס	פ	י	פ	ב	ו	ל	ר
ה	מ	ד	ב	ר	ח	מ	ה	ט	ו	ן	י	ל	ו	מ
ל	פ	ח	פ	י	ו	ו	נ	ע	ו	ב	ע	ת	פ	ש
צ	י	פ	ה	ט	צ	ע	פ	ד	ב	ה	י	א	ל	ר
ו	ה	ן	פ	ר	נ	ח	ע	כ	ד	ב	ק	נ	ש	ל
מ	ט	א	ן	ע	י	ע	ג	ו	ף	ד	ת	ש	ע	י
נ	ת	ו	ר	י	ש	ב	ר	ן	מ	פ	ל	א	ר	פ
ת	ז	א	צ	ל	ה	א	כ	י	ל	ח	ם	ה	א	ב
ח	ר	ת	ו	מ	ן	ו	ו	ל	מ	ע	ב	ע	ת	א
ר	ד	ד	א	ה	י	ת	ה	א	ס	א	ו	מ	ה	ה
כ	ו	ר	ה	ת	ו	י	א	א	ל	מ	א	ש	מ	מ
ו	ה	י	ן	ו	ל	ת	ד	פ	ר	ק	ר	מ	ד	מ

דבק
הרביעי
אקדמיות
קרפדת
לחם
ממש
נתח
הסגול
עדכון
תאו

להאכיל
המדבר
שירות
חזון
כרגע
האוצר
פריט
נטילה
גוף
נשאה

Puzzle 84

ש	◌	ץ	ר	פ	מ	ר	ו	ל	ח	ק	ו	ת	נ	י
י	ד	א	ה	מ	ה	ל	ר	ו	א	פ	ו	ר	ק	ת
ת	ש	מ	מ	ו	פ	ת	ו	ע	ט	ל	ע	ו	ח	ד
ד	ש	ל	ג	ל	ח	ן	ה	כ	י	ח	פ	ו	מ	י
פ	ף	ד	ם	ע	י	י	ס	ל	ת	ח	מ	י	ו	מ
ת	א	ב	ק	י	נ	י	ב	ת	ר	ד	ת	ן	ם	י
ה	נ	צ	מ	ג	א	י	ו	ה	ב	ר	ל	ו	י	י
י	מ	ו	ש	מ	ו	ע	ך	ל	ח	נ	צ	מ	ק	צ
ד	מ	ר	ד	ח	ה	ו	ו	י	מ	י	ט	ת	ו	כ
ל	ו	ה	ה	ל	ד	ץ	ס	ך	ת	ו	ש	ג	ל	ל
כ	ו	נ	נ	י	ת	ר	כ	ו	ג	ל	ד	ד	ב	י
ה	נ	ל	כ	ב	ל	ו	ס	נ	ח	א	נ	י	ו	ר
פ	א	נ	ר	מ	ד	ח	ו	י	פ	נ	ר	ש	פ	ש
ם	נ	ש	ל	ה	ג	פ	ל	ח	ב	י	ד	מ	כ	ו

כוננית
מגע
מהר
טעות
לסייע
חינוך
שדה
בצורה
רופא
הסבוך

אלפים
סכסוך
מלוכת
מחברת
מגיע
לחקות
בלוקים
ייעוץ
מפרץ
תהליך

Puzzle 85

כ	ר	א	ך	ר	ת	ק	ב	ה	מ	ה	מ	מ	ל	ב
ר	א	ש	ל	ה	מ	ח	י	ש	ר	א	ל	ש	ה	ה
כ	ח	ו	י	ד	ו	ר	ח	ף	ח	ו	מ	ת	ג	י
ד	מ	ו	ל	ב	ג	מ	ס	ו	ר	ב	ם	נ	ק	א
ב	צ	ק	ב	א	ן	ב	ר	נ	ו	ע	ו	ה	ל	י
ת	מ	כ	ו	נ	א	י	י	ש	ש	ת	ו	ש	ב	ו
ו	ה	ר	כ	ו	ס	ב	ב	ל	ע	נ	ח	י	ר	א
ר	ו	נ	ב	מ	ו	ח	ס	כ	ד	ו	ה	ש	מ	ה
י	ז	ג	ב	מ	י	ת	ב	ן	ת	ו	נ	א	ת	ע
מ	ט	ר	ו	ת	ו	ל	ל	מ	ו	א	מ	ד	ה	נ
ל	ה	י	ר	ם	צ	ם	ע	ב	י	מ	ג	צ	כ	י
מ	ל	ו	ה	י	ו	ת	ן	מ	ס	פ	י	ק	מ	י
א	מ	ר	ל	ל	ד	ה	מ	מ	ף	פ	ב	ד	ת	ן
ל	ו	י	י	ר	פ	ס	ב	ש	ק	י	א	כ	ן	ר

מספיק
קפיצה
סוכר
בקצב
ברמת
נוף
משתנה
להמחיש
אבדה
אומללות

מכונאי
מגיב
העניין
לשחות
תחביב
לילך
ביחס
מאחורי
מרחק
סביר

Puzzle 86

כ	י	ת	ח	ת	ו	ן	מ	ב	ה	מ	א	ג	כ	ש
ס	ב	ח	ה	ר	ק	ר	ת	ב	מ	ה	ס	י	ב	נ
מ	ד	ד	ל	ה	פ	ל	י	ג	ס	י	ט	ד	י	ת
פ	ח	ו	ת	ר	ס	ח	ר	י	ו	ו	ר	ד	ש	מ
ח	ח	ז	ל	ק	ל	ט	צ	ו	ב	כ	ט	ת	ת	מ
ר	י	מ	ו	מ	מ	ו	צ	ע	נ	ה	ג	ן	ה	נ
פ	נ	א	פ	ר	ת	ר	ו	ו	ת	ר	י	ב	ש	א
מ	ה	ר	כ	א	ו	י	ה	נ	מ	פ	ה	א	ש	ם
ת	ל	ן	א	צ	ה	פ	ן	ו	א	ו	ד	ר	צ	ו
י	ע	ר	ר	ה	ק	ב	א	ר	מ	א	ק	נ	ח	ר
ג	פ	ת	ו	ל	ו	ו	ל	פ	מ	ת	ד	ו	ד	ג
ה	ר	ם	מ	ם	ט	ן	י	ד	א	ם	מ	מ	ו	ן
ת	ם	י	ח	נ	ו	מ	ו	ו	ד	ר	מ	פ	ת	כ
ם	ו	כ	כ	ו	ב	פ	ט	א	פ	י	י	ת	ל	ת

נראה
רפואת
לספק
מקרה
טוב
כבד
תחתון
להניח
אבקה
כביש

מונחים
ממוצע
להפליג
כפול
אסטרטגיה
מחזור
המסוכנת
בפירוט
אמת
אשם

Puzzle 87

◌	א	א	ה	מ	ר	ע	ו	ע	ד	ק	ו	ל	ו	א
ר	ח	ע	ד	י	ג	ל	ח	ה	ע	ק	ד	ח	ת	ט
א	ב	ג	ה	י	ב	ו	ב	ה	ע	י	ס	נ	נ	י
י	י	ק	ו	ש	ל	ל	ח	ל	ת	פ	ח	פ	ח	ם
ת	ר	י	נ	ב	ש	ש	א	ן	ה	מ	ת	ה	ת	ח
ה	ת	ו	צ	ו	ל	ה	ד	ח	ל	מ	צ	ב	מ	ט
א	נ	ר	ג	י	ה	ח	י	ו	ו	ר	ש	ם	ו	י
ו	ן	ח	ש	מ	ו	ר	ת	ט	ן	נ	ף	י	כ	ב
ו	מ	מ	ם	ו	א	ו	ע	ו	א	פ	כ	מ	ך	ה
ב	כ	מ	מ	ג	ב	מ	ב	ח	ל	נ	ל	ע	ח	ל
ל	ע	י	ד	ת	ק	כ	ש	מ	ו	ה	מ	פ	ו	ש
מ	ט	ה	ב	י	ו	נ	ל	פ	ו	ע	ע	ל	א	ר
ש	א	א	כ	ש	ת	נ	ל	ב	ד	ר	ו	ם	ד	ו
מ	ח	ר	י	ח	ב	ם	ס	ב	ר	נ	י	כ	י	ד

אוהל
רעוע
בדרום
לשרוד
אנרגיה
לפעמים
בעתיד
קדחת
בובה
חתול

חוט
חטיבה
כיף
להמשיך
נסיעה
מחר
לכבוש
שלב
שלו
גומי

Puzzle 88

ה	ה	ר	כ	ת	ע	ד	מ	ו	ה	מ	ן	א	א	מ
ו	מ	ס	ד	י	ר	א	א	ע	ו	ו	ב	ו	ת	ר
ל	ש	א	ר	ר	ל	ז	ד	ש	ג	י	ו	ע	נ	ה
ר	א	ת	ל	ה	ת	י	י	ח	ס	ל	י	צ	ו	ק
ת	פ	ן	ל	א	ל	כ	ב	ו	ר	ס	ת	מ	ר	א
ד	ו	ב	ה	י	ט	ר	מ	ה	י	י	ר	י	ש	ע
ב	ו	י	ע	ג	מ	ת	ז	ר	ת	ד	פ	נ	י	צ
ה	ק	א	ס	ש	ם	מ	ל	ה	ג	י	ע	ה	ו	ם
ש	מ	נ	י	ל	ו	ה	ג	ח	מ	ת	צ	ר	ת	י
ז	ד	י	ק	מ	ח	מ	ר	מ	ד	א	ל	א	ע	ע
ע	ל	ו	ל	ר	י	ו	ו	א	ד	ל	ב	ק	נ	ב
ד	ע	ו	ל	ר	ן	א	ת	ט	ב	ר	י	א	מ	צ
ר	ס	ח	ב	ל	ה	ת	ו	ן	מ	ח	ר	ן	ת	ב
ו	ק	ג	כ	י	ד	א	א	ר	ל	ש	ו	ה	מ	מ

אומה
צבעים
עגלת
תרכיז
מזלג
מטלת
עצמי
לחות
דוב
הגיעה

שגיאה
אוויר
בריא
עדר
עצם
להתייחס
תירס
עשירי
תרד
להעסיק

Puzzle 89

ה	ג	נ	ש	י	ה	◌	ק	ו	ל	ר	ה	ו	ט	ל
ח	ח	ר	צ	ס	ט	ס	ו	ו	א	ח	ן	א	ת	י
מ	ת	ש	ד	ף	ע	ע	י	מ	ן	ר	ל	ע	פ	ש
ו	ב	ו	ש	ח	מ	ל	ס	ש	מ	ו	ן	י	ט	ל
ט	א	ד	ח	נ	ל	ס	נ	ב	ל	י	ה	א	צ	ב
ל	ד	ל	ו	י	ח	כ	ל	מ	ה	נ	י	י	ה	ת
ת	ל	ת	ש	ל	ו	ם	י	ס	ו	מ	ח	א	ת	ה
כ	א	ת	י	ש	ו	ל	מ	ד	נ	ע	ל	י	י	ם
נ	מ	ש	ב	ל	ר	ר	ג	ר	ו	ג	ח	פ	כ	ר
צ	ל	ו	ע	ד	א	ל	ש	ו	כ	ה	ו	ת	ר	מ
פ	ה	ב	ל	פ	ש	ש	כ	ן	ב	פ	ש	י	י	נ
ר	י	ה	ה	י	ס	צ	מ	ו	ן	ו	ו	י	ס	פ
ר	ו	ש	א	ו	ה	ו	ש	ט	י	ר	ו	ש	י	מ
ו	ת	א	נ	ה	ל	נ	ם	פ	ר	י	ד	ג	ה	ל

חשוב
מנות
מישורי
למעט
חלל
לסכם
להיות
שכן
רווח
להישאר

פסיון
מוטלת
היפופוטם
כיתה
נעליים
תהיינה
תשובה
במסדרון
להגדיר
שלום

Puzzle 90

מ	א	·	ק	ת	ה	א	נ	ר	ו	ח	מ	ל	ב	ו
א	ד	ר	ל	ב	צ	י	ה	י	ש	ה	ל	ה	ד	ח
ו	ו	ה	ר	ו	צ	ח	ש	מ	ו	ח	י	ל	ו	ל
כ	נ	ה	ן	ה	א	ה	ל	ל	ו	ד	ל	ש	י	ה
ז	י	ו	ל	ה	פ	י	ץ	ף	ק	י	ר	מ	ג	ר
ב	ו	ד	ד	י	ו	ט	מ	ו	ח	ן	ג	מ	י	ש
י	ש	ע	ו	ר	ף	י	ר	ח	צ	צ	א	ה	ט	ת
ן	י	ת	מ	ו	ר	ר	א	א	ו	ש	ד	ו	ן	ר
ה	נ	ו	י	ט	ת	ק	ע	ש	ח	ו	ר	ת	י	ד
ש	ל	ט	נ	ס	ג	ם	ה	י	ת	ו	י	פ	י	צ
ש	ו	ד	נ	י	ת	י	ו	מ	י	מ	כ	ף	ק	י
כ	ו	י	ט	ה	ת	ח	י	ת	ר	ל	ד	ו	ה	י
ע	י	ר	י	ה	ר	ש	פ	מ	י	פ	מ	ב	ם	א
מ	מ	ו	ת	ו	ל	י	ד	ו	י	ד	ט	מ	ד	צ

חשמלי
להפיץ
מאוכזב
חדה
חור
לרתיחת
טור
ממשלה
רוח
קריטי

ציפיותיהם
דומיננטית
צחקו
הודעת
הרשת
אדוני
ההיסטוריה
שדון
חריף
לחוף

Puzzle 91

י	ח	א	נ	ו	א	נ	י	ש	ו	א	י	ם	ב	ש
ו	י	ה	ת	צ	ם	ט	ו	א	ד	י	פ	ת	ה	ר
ל	י	ז	ג	ל	ה	י	י	כ	ר	ה	נ	ו	ו	ש
ג	ה	ת	ה	י	ו	ע	מ	נ	ח	נ	ע	ח	ת	ר
נ	ת	נ	ו	ר	ה	כ	ב	י	ד	ך	ו	מ	ב	ת
ו	ו	ל	נ	ק	ש	ר	ב	ש	ח	מ	ו	ה	ב	ק
ב	מ	ס	מ	ת	ע	מ	ה	ת	מ	ב	ח	י	נ	ת
ו	ו	ש	ב	נ	ו	צ	ה	ו	ק	פ	ה	י	ש	ו
ב	ק	ש	נ	ע	ט	נ	ר	ד	מ	ש	נ	ל	ב	כ
י	ע	ב	צ	פ	ו	ן	י	ג	ו	ה	ו	ע	ע	מ
ו	ו	א	א	ה	ע	ל	ע	ם	ע	ח	ר	ר	ה	ס
ר	ב	ו	ו	כ	ב	ק	צ	ב	ת	פ	ח	י	ת	מ
כ	פ	ו	מ	ה	ו	מ	ד	ן	י		א	ר	ם	ל
פ	נ	ז	ג	צ	פ	ר	נ	כ	ת	ב	ה	ה	ן	פ

תנור
האחרונה
חותם
נתונים
שבעה
נכתב
מחשב
שרשרת
נמלת
לגנוב

עלייה
הכביד
בצפון
מבחינת
צעירה
עקומות
נישואים
קשר
סמכות
בתקשורת

Puzzle 92

ג	פ	ם	י	ע	ת	ד	נ	י	צ	ו	ס	ו	ה	א
ל	ו	ר	ב	נ	ע	ח	פ	א	ר	ו	ו	כ	מ	ג
ו	נ	ו	ה	א	ו	ו	ה	ה	ת	א	ר	ר	ד	ף
ל	ד	מ	י	ת	ד	ה	ס	ד	י	ר	ו	ו	ע	ה
ה	ת	ש	ו	ב	ת	ו	כ	ש	ל	ש	ח	ק	י	ק
ת	כ	ר	ב	ס	א	ל	ם	א	י	ג	ו	ת	ח	ה
ל	ן	נ	ש	מ	ט	ר	ג	י	פ	א	מ	ש	י	ש
מ	פ	ג	ב	מ	י	י	ח	ל	ג	ע	מ	ה	ה	ק
ד	פ	י	ת	ק	כ	י	ה	כ	ב	ב	ש	י	ה	ו
ו	פ	פ	ח	ן	א	ן	ג	ל	ה	ת	ח	ת	ן	ף
מ	ב	ש	א	א	מ	ג	נ	כ	י	ו	ק	א	פ	ע
ה	ל	ר	ט	כ	ת	ז	ן	מ	א	מ	א	פ	ר	ח
י	ש	ד	פ	ק	נ	י	נ	ל	י	ב	י	ו	ה	מ
י	ל	ו	ם	י	ר	ג	ו	א	י	פ	ס	ר	ט	ו

סבתא
ברכת
המעגל
לשחק
פיל
הסדיר
שיא
השקוף
טרגי
המדע

הסכם
גלול
אוגרים
במשחק
תשובת
תעודת
כלכלי
להתחתן
עבודה
גשר

Puzzle 93

ו	א	ק	ק	ת	פ	ס	י	ק	מ	ר	ג	ג	ו	כ
א	ת	ד	ו	ב	כ	ה	ק	ר	ג	מ	ה	ס	כ	ב
ד	ל	כ	ש	ק	ר	ל	ן	ח	ב	א	ר	י	ת	ר
ק	נ	ת	ל	ו	ב	ב	ח	ו	ת	מ	מ	ם	ו	ף
ר	ב	י	ח	ד	ה	ל	א	ר	ב	י	ו	מ	ט	ב
י	ח	א	ה	ב	ש	י	פ	ז	ו	ז	צ	ו	ש	ן
ש	ו	ע	ר	ל	ד	ד	ן	ל	ז	ל	א	ג	ל	ו
ת	ו	ח	פ	ש	מ	ע	ו	ב	ק	נ	כ	מ	צ	י
י	ק	ס	מ	ח	ד	ו	ו	מ	ו	י	ד	ב	נ	ק
א	פ	ר	ו	פ	א	ה	ד	ש	מ	י	נ	ש	ר	א
ש	ב	ה	ר	י	ה	ז	י	ח	א	ם	ו	ל	ת	מ
ב	ן	מ	ר	נ	ן	ל	נ	ו	ס	ף	פ	א	מ	נ
נ	נ	א	י	ק	ה	ל	ה	מ	מ	ו	ר	ה	נ	ו
פ	י	ל	ג	ע	ר	ל	ר	ו	ל	א	י	ת	ש	ר

לשטות
לבדוק
אחורה
לזרוח
הכבוד
כבר
אנושי
קקאו
קרח
שכל

גסים
זהירה
נוסף
ארית
פסיק
מגבת
ינשוף
משפחות
שהבר
קבוע

Puzzle 94

ס	ו	א	מ	נ	ה	מ	ר	ב	ר	ע	ה	ד	י	א
פ	ב	צ	ד	ב	ד	ט	ן	ע	ב	כ	י	ו	ת	ב
ר	ל	ה	י	י	ו	ה	ץ	ו	ש	ג	ו	א	מ	ג
י	ט	ס	נ	ה	ף	ח	ן	ד	מ	ו	א	מ	י	ל
י	א	י	ה	ת	ו	ל	צ	נ	ת	ה	ת	ה	ב	ר
ה	י	ו	ס	ל	פ	ק	ה	ן	ו	ר	ש	פ	א	ל
ן	ט	י	פ	י	צ	ש	ע	ח	ל	ל	ו	ר	ו	נ
ד	מ	ם	ל	כ	נ	מ	ר	מ	י	ל	ח	ו	ח	כ
ן	ו	פ	ע	א	ר	ה	כ	ת	ר	ש	ת	נ	ל	י
א	ן	ש	ב	נ	ד	ח	ה	ר	ל	פ	מ	פ	ג	צ
ת	ח	י	ל	ש	צ	ו	נ	ד	ר	ס	נ	מ	ת	ק
ב	ז	א	נ	ע	נ	ו	י	ו	מ	מ	מ	ד	ח	ו
ל	ד	ע	ש	מ	ה	ו	נ	ו	ו	נ	ע	מ	ב	מ
ן	ח	פ	ל	ב	מ	ד	נ	ו	ס	צ	א	ד	ר	ר

הערב
מדינה
התנצלות
שליחת
הערכה
צפוף
מאוד
אומדן
לוחץ
בצד

דיג
חבר
משבר
לאפשר
ספרייה
מטה
סימן
אכילת
רבה
המשקל

Puzzle 95

ר ל ק מ ש ח ע ק ר ק ו א ת י צ
ב ו ג צ מ ב ם כ נ ל ס צ ע ו ע
ע ר ס ל ק ו מ פ ק ט י ת ן נ ב
א ל ה י י ה ג ל צ ג כ ע ב ת ע
ח א ו ת ד ל ו ה ר ח מ ב כ ע ר
נ ג א ד מ ק נ ב ה ל י צ א ש ק
א ת ◌ ב ד ם ר א ל ה ע ה ב ה ו
ט ל ב פ ב ו ב כ ו ו ו ב ב ו ד
ד ג ה ת ל ר ן פ ע ו ט מ ו י פ
נ ו ו ו כ צ ש ת י ת ש ו ש ר א
ס י מ ה ת ק י י ם ר א ש ו ש ח
ד י ש ש ר מ ה ב ד נ י ת מ ה ו
ו ש ל י ט י ע ל י ע ר ו פ ס ל
ו ם נ ג י ק כ ד נ ר ו ו כ ת נ

בנק
בכאב
הצבעת
קומפקטית
כאב
כיס
כתר
קצרה
קרקע
לספור

גישה
במשרד
עולה
התקיים
הולדתו
חמלה
מיעוט
פרות
שובב
אלה

Puzzle 96

נ מ ת נ ה ו ד ה י ת פ כ א י ר
ז ר י ן ש מ ◌ ע י ◌ י ד ע ת ש
ח ל ו ב א ח י ל ג כ מ נ ר ר ה
ו נ א ו ל ל א ו ר ת ס י נ כ ש
ו ע מ פ מ ק מ ת מ ב ן מ י א ע
ס ג ל ל ו ו מ ה ב מ י צ ל ת ו
מ י ו ר ג נ ב ט ו ח ה א ר ה כ
מ ת ו ע ל ת ל ל ד י נ ו א ה ר
ח ש ת ש ו נ ח ק ד ר ק ק ל כ י
ג י ר י ן ר ד ו ה ו ה ו ע ב כ
ו ג נ ה ר י ו ל ת ר י מ צ ח ה
ל ת פ ו ר ב כ ב ע א ף ו ש ח ל
ש ת ו ה ק ה ז ד ו ו ו ק ב פ ב
ב א ג מ מ ל ל ע י מ מ י ב א ן

חלק
מקרר
כניסת
מבודדות
יכל
לזכור
להבין
צבי
קרירה
להכיר

גישת
גלוי
בטוחה
העלות
אכפת
הקנה
תועלת
גופנית
לחשוף
לתפור

Puzzle 97

ש	ג	ן	כ	ל	מ	מ	ו	ר	ן	ד	ד	ב	ה	ל
ב	ת	ו	ל	נ	ס	ע	א	ש	י	ג	ו	ז	מ	ב
י	י	י	ל	ם	ה	צ	כ	ע	י	ו	ן	מ	ב	ל
ד	ע	ק	ת	י	צ	ע	ד	ן	פ	ג	ב	ח	פ	ה
י	ח	ח	ס	ר	ו	ת	ל	י	מ	מ	י	ו	ע	ו
כ	י	ד	ט	ב	ר	ו	ב	ג	ק	י	י	נ	ב	פ
מ	פ	ו	ל	ג	מ	ד	ה	פ	א	ל	ש	י	ו	ם
מ	ש	ך	ל	ר	ח	ר	ח	ה	ו	ה	נ	ה	ר	ש
מ	ס	ו	ש	ס	ה	פ	ת	ל	ד	ש	י	ח	ל	ק
ת	ל	ו	ת	ט	מ	נ	ד	ל	נ	ו	ת	ר	צ	ט
ן	ק	ר	פ	ת	ל		י	מ	מ	ו	ש	מ	ה	כ
ר	ס	ר	מ	א	מ	נ	ו	ח	י	ת	ו	א	ב	מ
מ	ת	ס	ד	ס	ק	ח	ך	ש	נ	ל	ש	י	ו	ת
צ	כ	ת	ד	מ	ד	ע	ו	ר	ו	א	ח	ו	ל	פ

ביישנית
קמפיין
מול
משך
גברים
נשך
עדן
לרחרח
שקט
להשוות

להפגין
חסרות
עבור
מאמר
נפרדות
שוטר
נלקח
מילת
לדכא
מרוצה

Puzzle 98

ה	ב	ע	ת	ע	נ	ק	ם	ה	ו	א	ו	ד	ס	י
ה	ר	ט	ל		ה	מ	י	ד	ע	ל	ו	א	ו	ו
י	י	ב	ו	ד	ה	ה	נ	ס	ל	ט	ג	ש	ר	ו
ת	כ	ב	ה	ה	ד	ח	י	ג	ת	ר	ע	ט	צ	מ
ר	נ	א	נ	ן	ר	כ	ק	י	ו	נ	ם	ר	מ	ד
ו	צ	מ	פ	ת	ש	נ	ת	י		ט	פ	ל	י	מ
ן	נ	י	ג	פ	א	ר	ו	מ	נ	י	כ	ת	ו	ו
ר	י	ב	ו	מ	ג	מ	א		י	ב	ו	א	מ	ת
ו	ן	כ	ת	מ	ה	א	ל	ם	ד	ה	ק	מ	נ	ל
ה	י	ט	ב	צ	ב	ע	ח	פ	מ	ר	נ		ו	מ
ש	כ	פ	ל	ל	א	ג	מ	ל	ע	ת	ט	ז	י	מ
י	ה	ר	ו	ל	נ	ו	ה	י	ר	ו		ר	ו	מ
מ	ל	ה	ח	ו	י	ד	צ	ה	ו	ת	ל	י	ת	מ
ש	ל	א	י	ו	ד	ל	א	ע	ר	ה	מ	ם	ב	מ

הרבה
מצטערת
מוזרים
לפעול
היתרון
מידע
תקינים
דמות
שנתי
אלטרנטיבה

מיומנויות
מדיניות
עבה
ענק
צבע
רכה
היטב
תות
להכין
שמישהו

Puzzle 99

כ	ז	ב	א	נ	י	ה	ט	ב	ל	ל	ש	כ	נ	ע
ל	ו	ג	ס	ה	ל	ר	ר	ת	ו	ק	נ	נ	ו	ס
ה	ה	ש	ר	י	ו	ה	א	ו	ו	ה	ה	ב	ב	ג
ת	א	ר	ץ	ו	צ	ל	ת	ו	נ	ב	ד	ו	י	י
ע	י	ד	ג	ך	ז	ו	ו	ר	ב	י	ל	י	ר	ה
ל	ק	ש	ו	ב	מ	ה	ע	א	ם	ד	מ	ק	ע	נ
ם	א	ה	א	ס	מ	ת	ח	נ	י	ס	ו	ן	ג	מ
ב	כ	כ	פ	ד	מ	ל	ד	ב	י	ת	ב	ה	מ	ו
נ	ע	צ	ד	ר	א	ה	ו	ו	נ	ן	א	ר	ע	ל
פ	ג	מ	כ	ת	ו	ע	ר	נ	י	י	ו	פ	ג	ה
ר	א	מ	ן	ד	נ	מ	ג	י	ע	ח	ה	א	ו	ר
נ	ל	ה	ק	פ	י	א	ע	ם	ב	ת	ד	מ	ע	ו
ת	ו	ר	ה	ל	מ	ך	ו	מ	ת	ל	מ	ו	א	י
א	ו	ש	מ	ר	ו	ע	ל	ל	נ	ה	ח	ו	פ	ת

ארץ
להקפיא
בנות
לצוץ
קשוב
בעיניים
לתמוך
רואה
ירקות
ברווז

להתעלם
בסדרת
תפוחה
עמדת
לשכנע
מנהיג
עובדים
נבונים
להרות
אמר

Puzzle 100

מ	י	ה	מ	ה	ה	כ	ב	ל	ו	ט	י	ם	ר	י
ש	ח	כ	מ	כ	י	ס	ב	ת	י	ע	ו	ע	ש	ר
מ	ת	ל	ג	ר	ר	ן	ת	י	פ	מ	י	מ	ב	ס
ע	ט	ה	ת	נ	י	נ	י	ש	ו	מ	מ	ו	ב	ט
ו	פ	ע	י	ל	ו	ת	ב	נ	ר	ט	ש	ד	ת	ל
ת	ו	מ	י	ל	א	ל	י	ר	ט	ך	ק	ו	ו	י
י	ח	ו	ש	ה	ד	מ	ג	י	ר	י	ת	ל	ד	ר
ת	י	ל	ו	א	פ	ק	ט	ס	ב	ל	ע	פ	ו	ו
י	ו	ך	ו	פ	ש	ל	ר	ש	ו	ה	ו	י	י	ק
ו	ד	ו	כ	ש	י	מ	פ	מ	ו	ן	ס	ן	ש	מ
פ	ע	א	ש	ר	ו	י	ז	ו	צ	מ	ש	פ	ם	ה
ב	ע	י	ה	ה	ב	מ	ה	ד	נ	ל	ן	ת	ך	א
כ	ו	ב	ז	ה	א	ן	ח	א	ו	ע	ה	ב	ו	י
ו	ר	ל	י	ס	כ	א	ג	י	ע	ק	ו	ד	א	ג

לשפוך
שולחת
טרופי
דולפין
צנוע
משמעותית
אפקט
בלוטים
אלימות
ירוק

שומן
גירית
שעועית
ממעט
נשית
הכל
טבעי
בעיה
פעילות
הליך

Puzzle 1

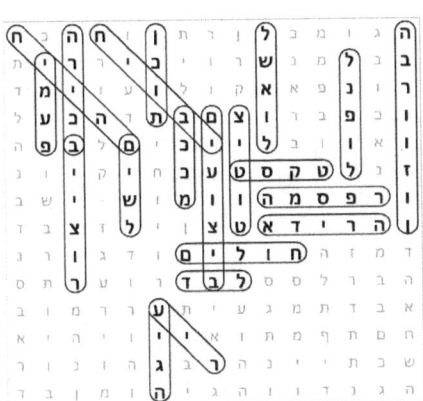

Puzzle 2

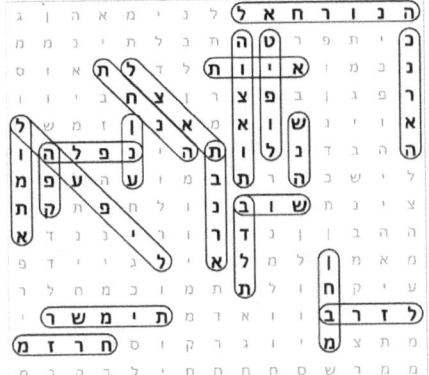

Puzzle 3

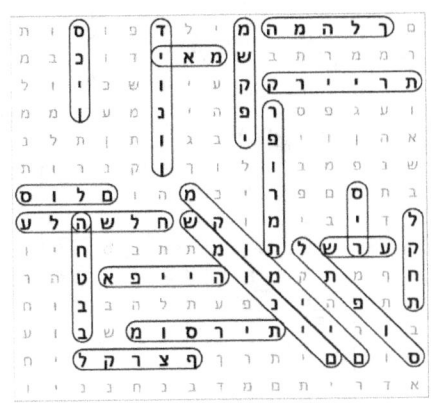

Puzzle 4

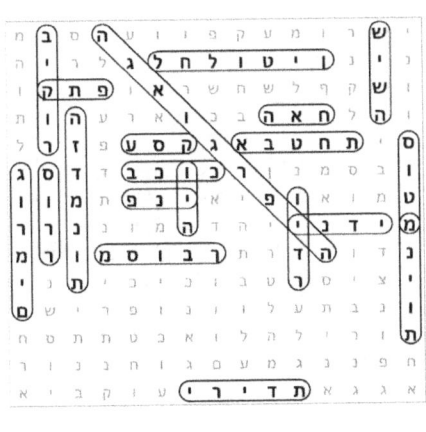

Puzzle 5

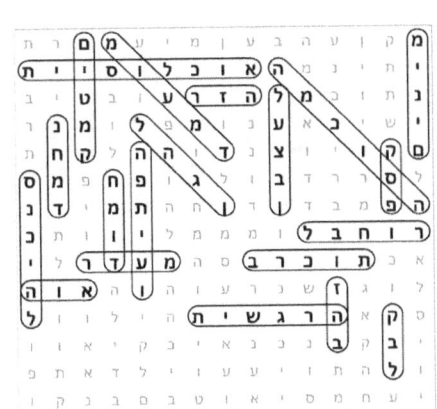

Puzzle 6

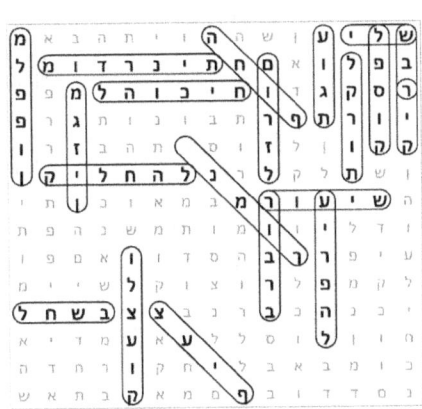

Puzzle 7

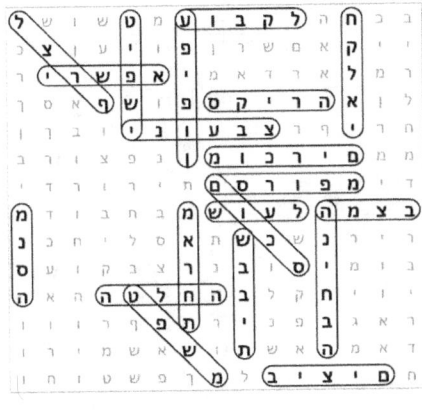

Puzzle 8

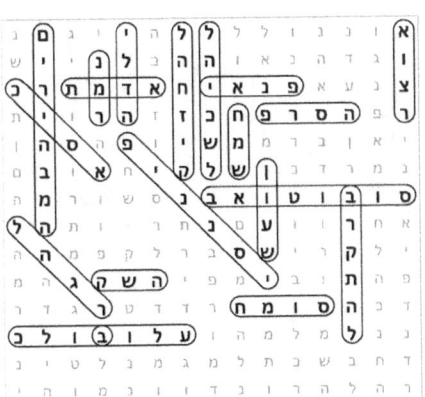

Puzzle 9

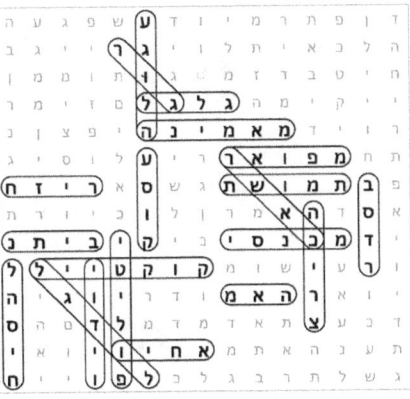

Puzzle 10

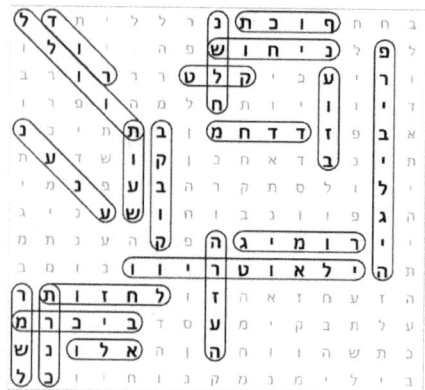

Puzzle 11

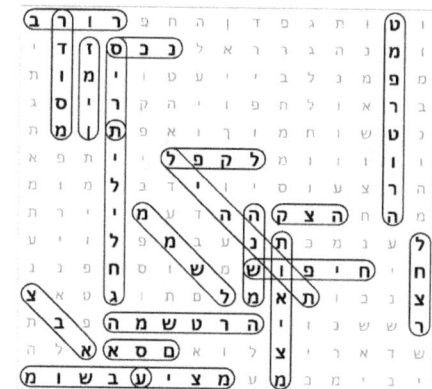

Puzzle 12

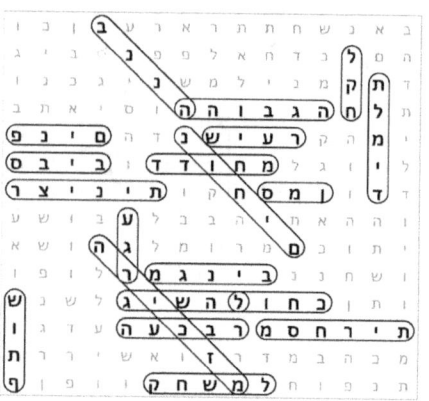

Puzzle 13

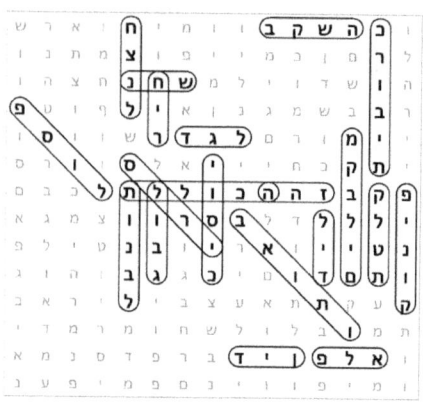

Puzzle 14

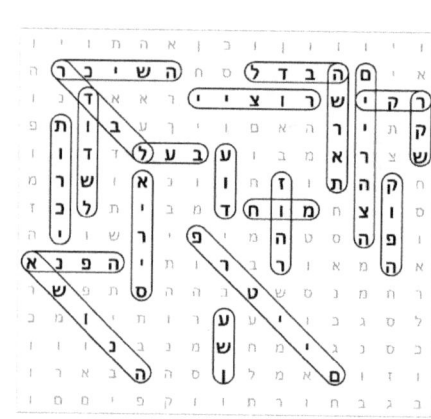

Puzzle 15

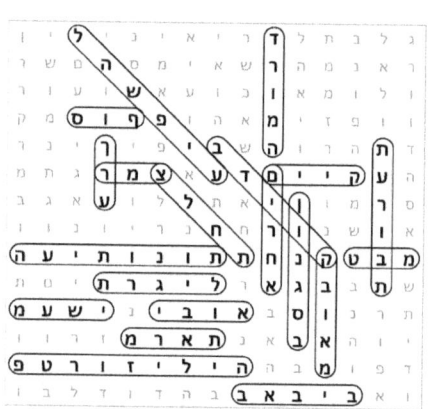

Puzzle 16

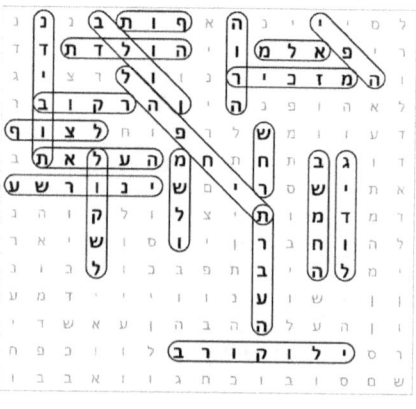

Puzzle 17

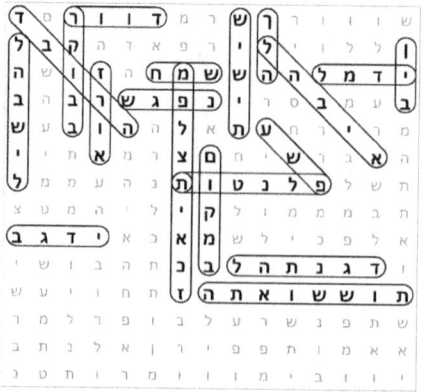

Puzzle 18

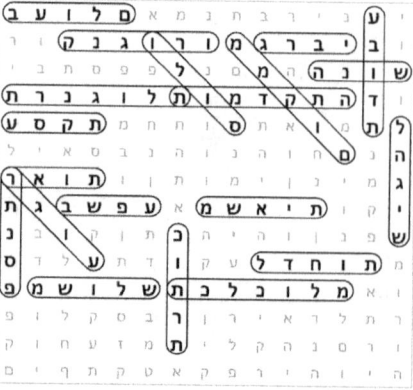

Puzzle 19

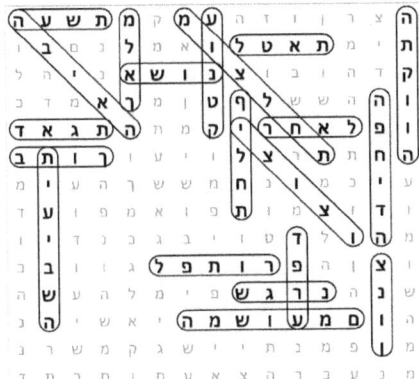

Puzzle 20

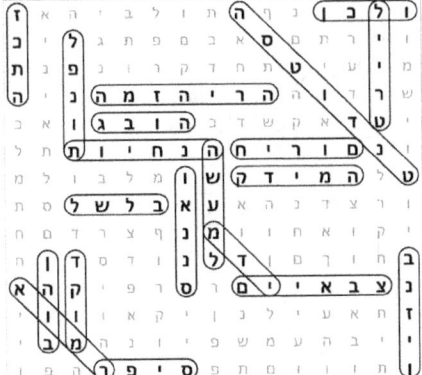

Puzzle 21

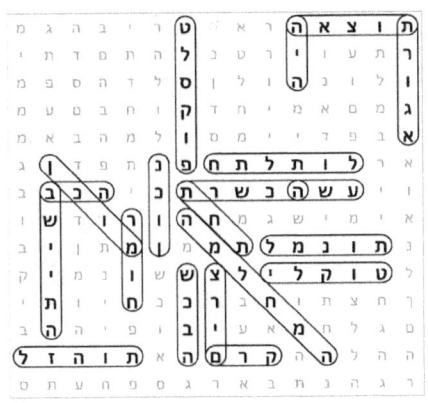

Puzzle 22

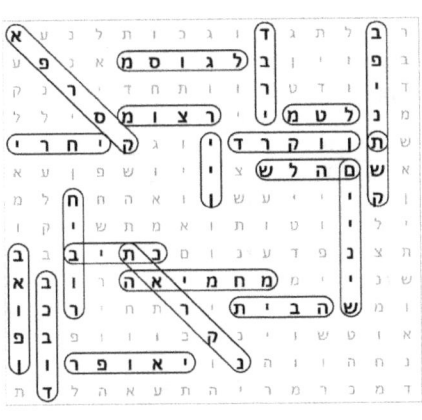

Puzzle 23

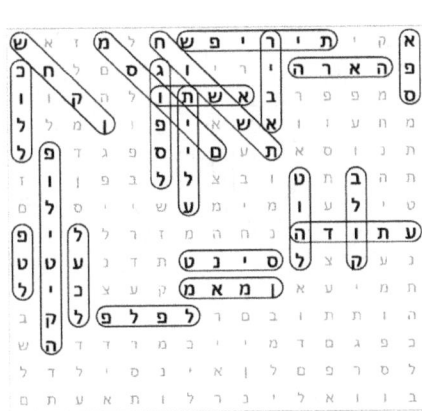

Puzzle 24

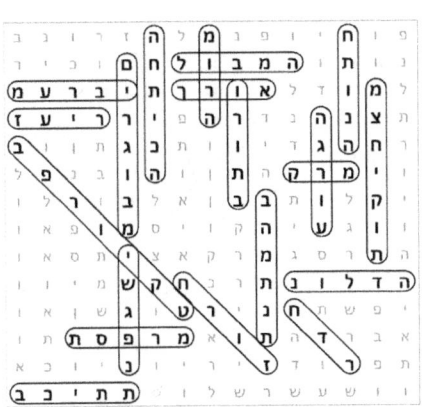

Puzzle 25

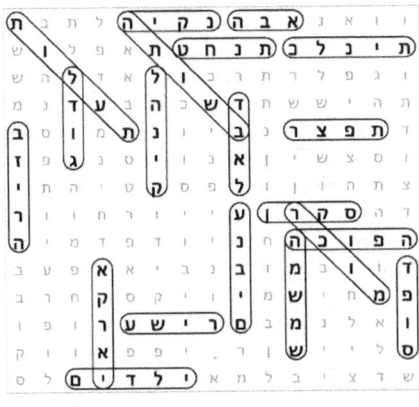

Puzzle 26

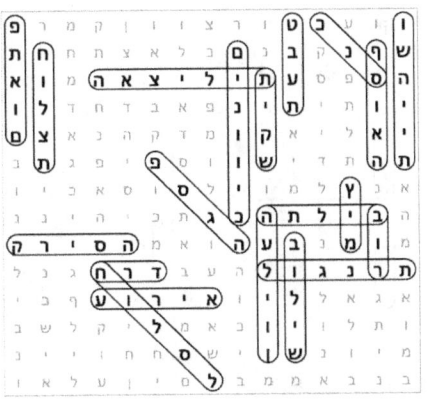

Puzzle 27

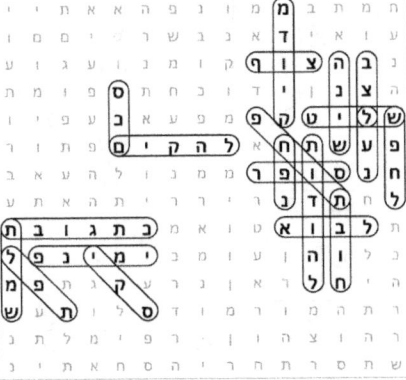

Puzzle 28

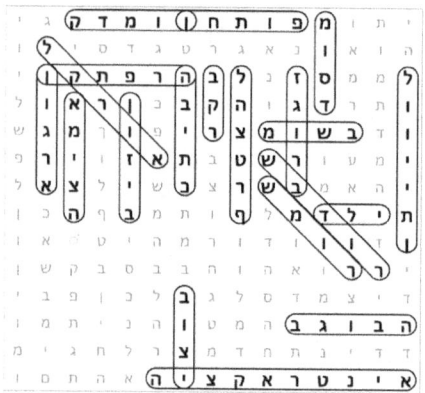

Puzzle 29

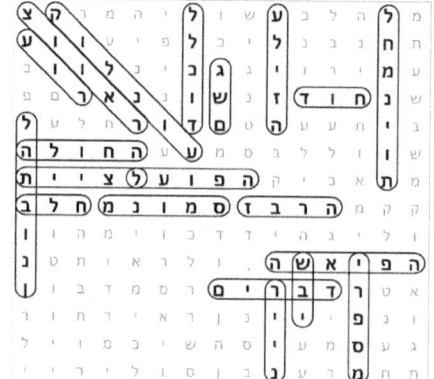

Puzzle 30

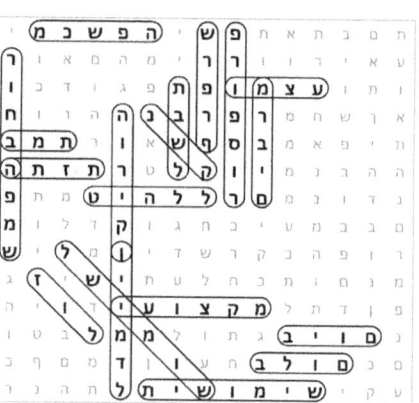

Puzzle 31

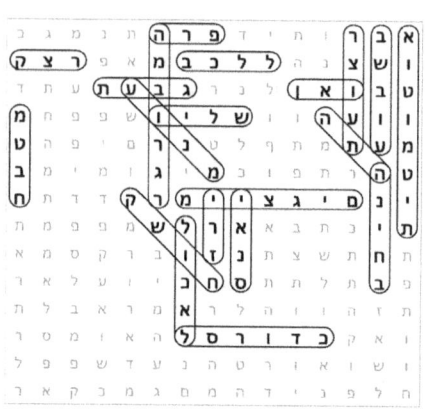

Puzzle 32

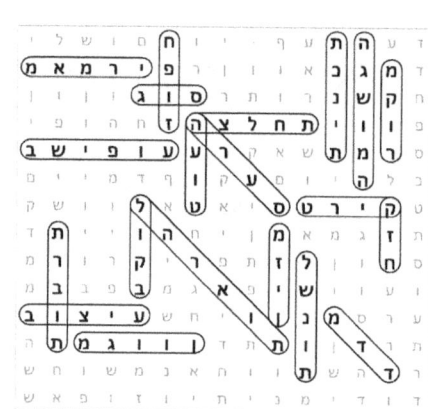

Puzzle 33

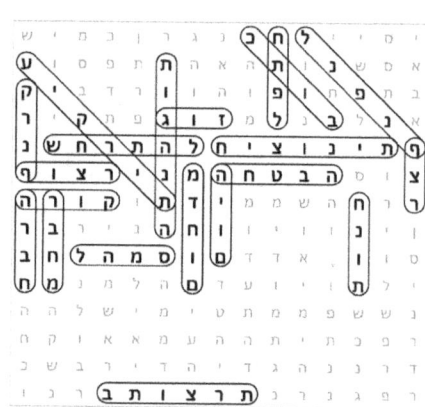

Puzzle 34

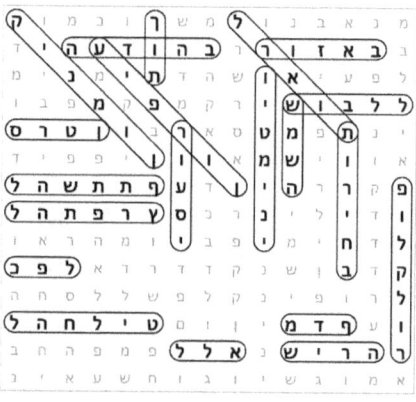

Puzzle 35

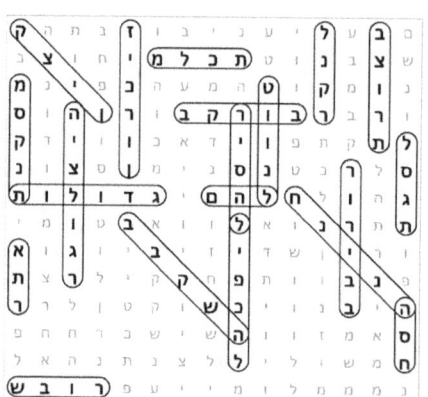

Puzzle 36

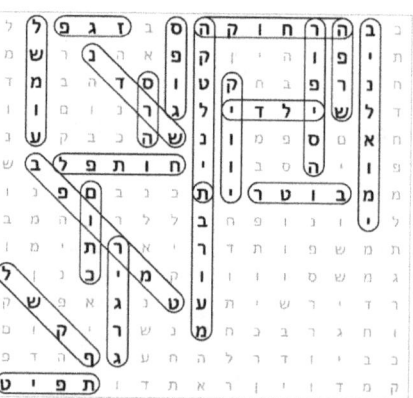

Puzzle 37

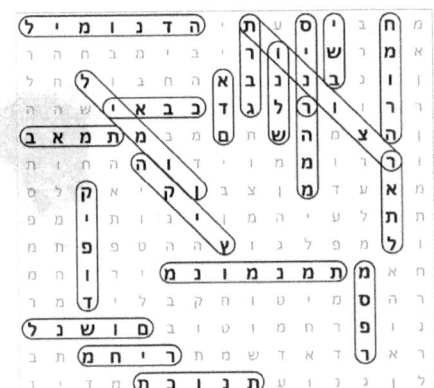

Puzzle 38

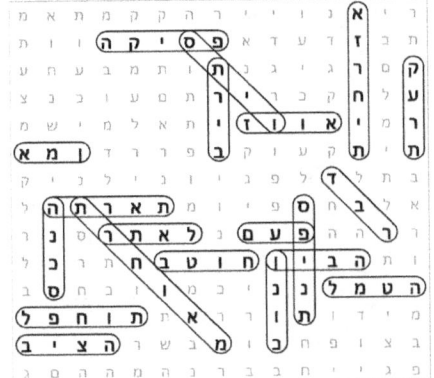

Puzzle 39

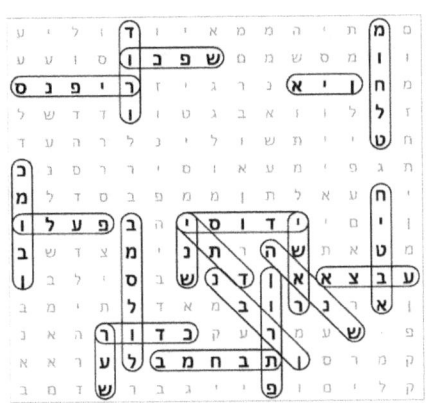

Puzzle 40

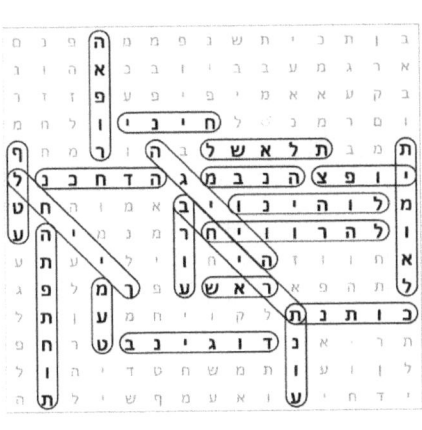

Puzzle 41

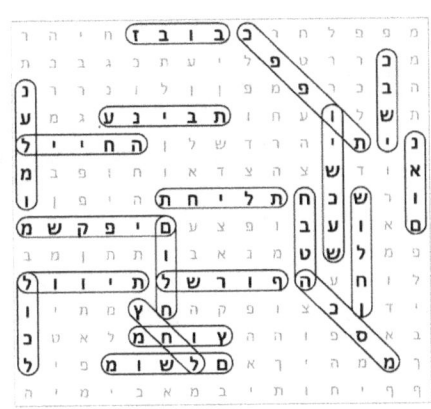

Puzzle 42

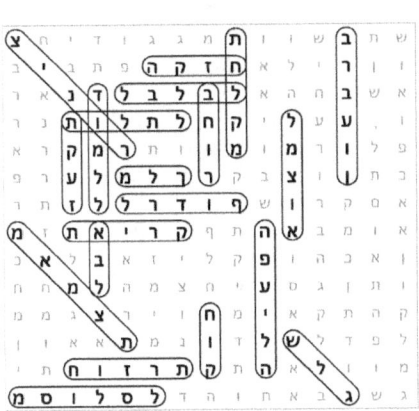

Puzzle 43

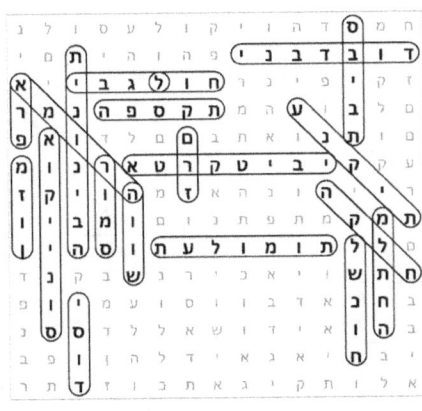

Puzzle 44

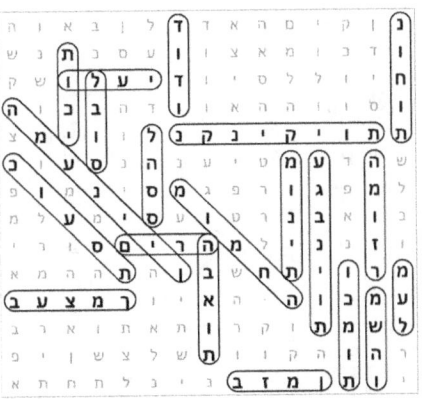

Puzzle 45

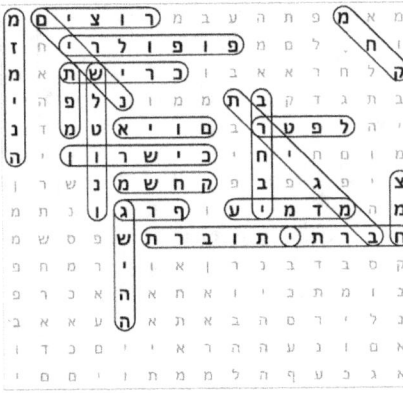

Puzzle 46

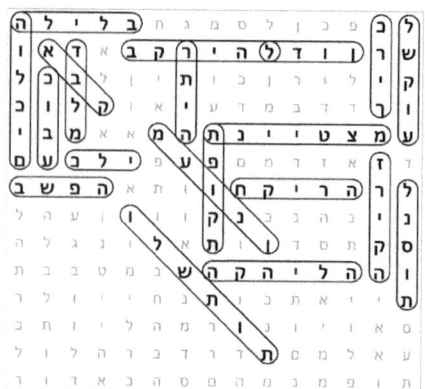

Puzzle 47

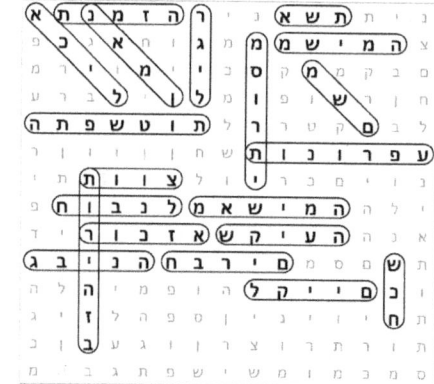

Puzzle 48

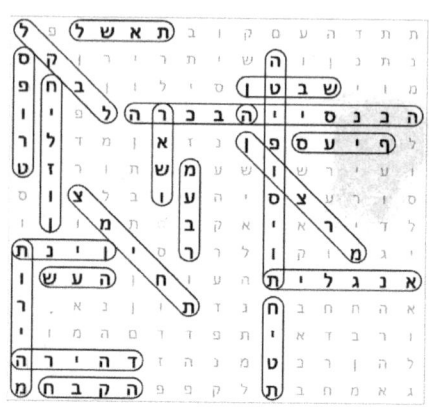

Puzzle 49

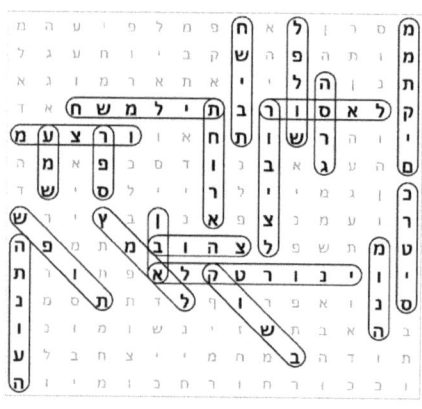

Puzzle 50

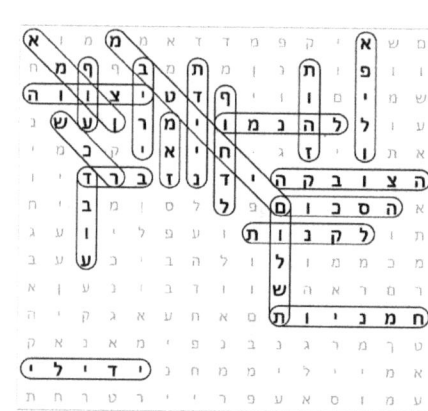

Puzzle 51

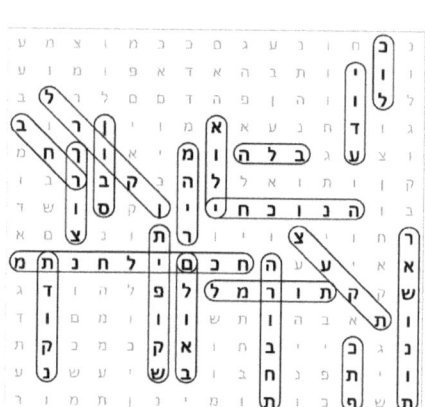

Puzzle 52

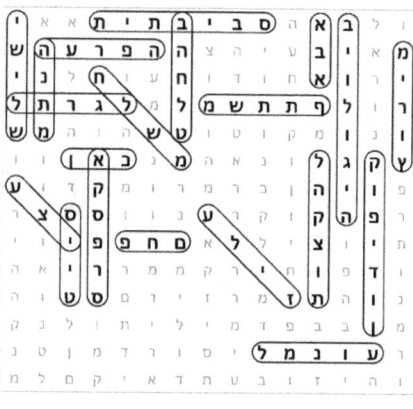

Puzzle 53

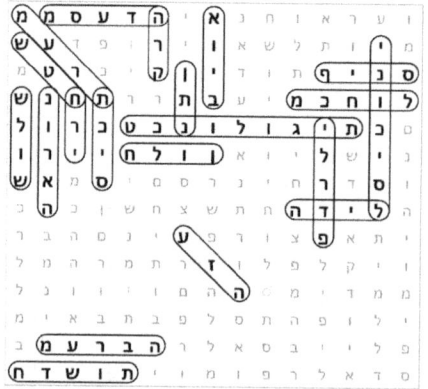

Puzzle 54

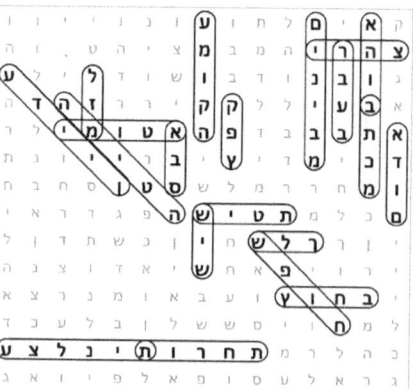

Puzzle 55

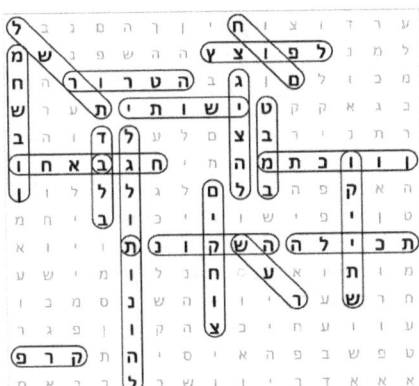

Puzzle 56

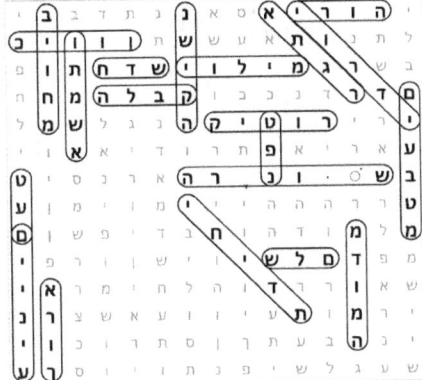

Puzzle 57

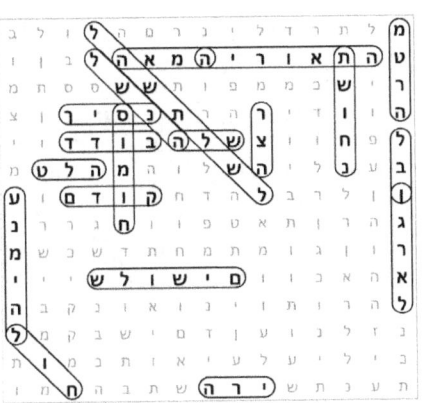

Puzzle 58

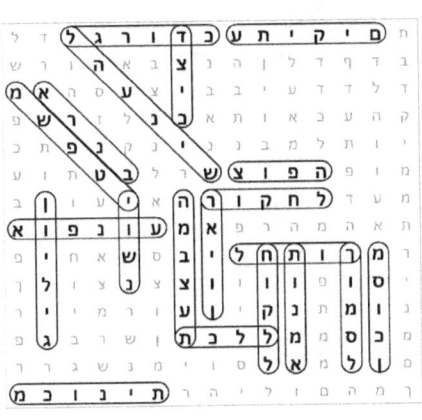

Puzzle 59

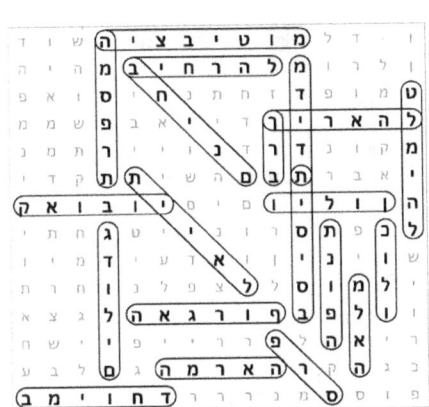

Puzzle 60

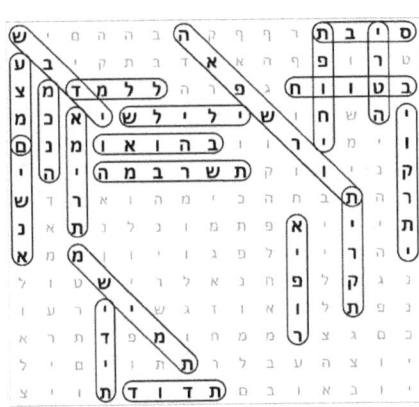

Puzzle 61

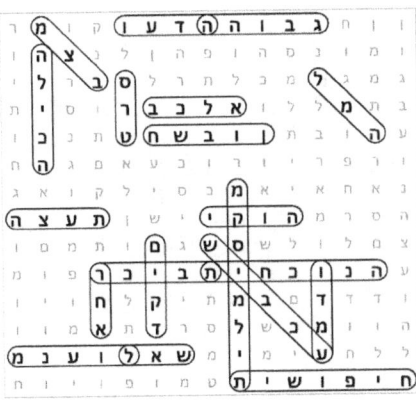

Puzzle 62

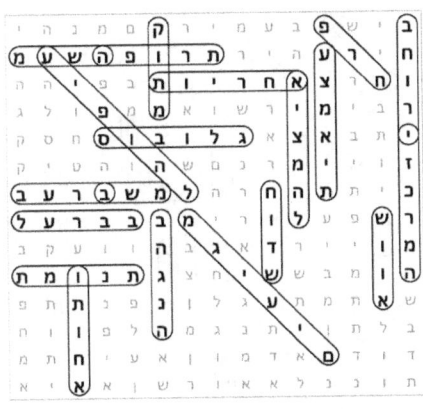

Puzzle 63

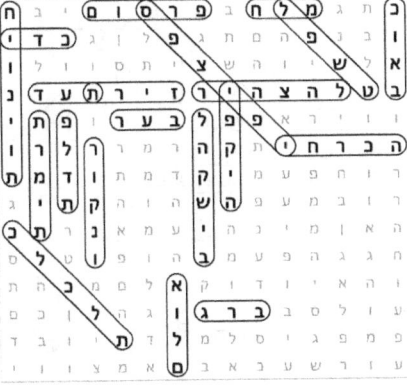

Puzzle 64

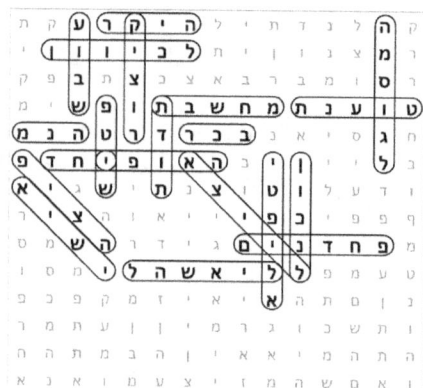

Puzzle 65

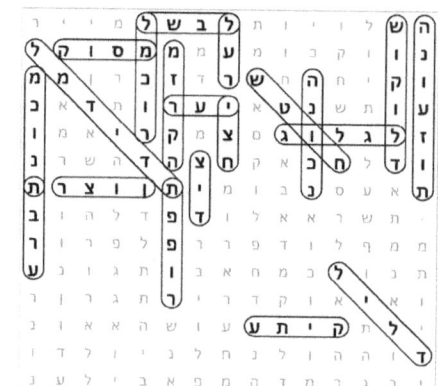

Puzzle 66

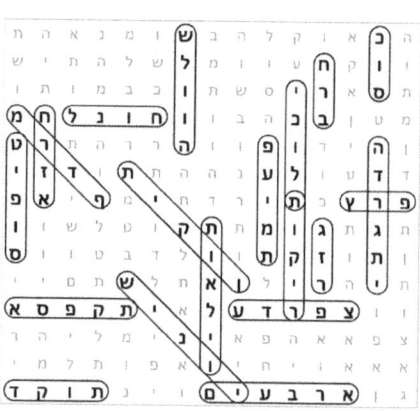

Puzzle 67

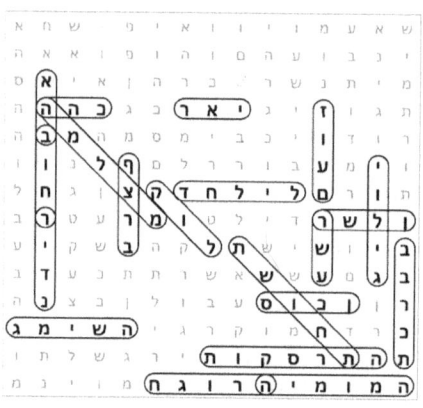

Puzzle 68

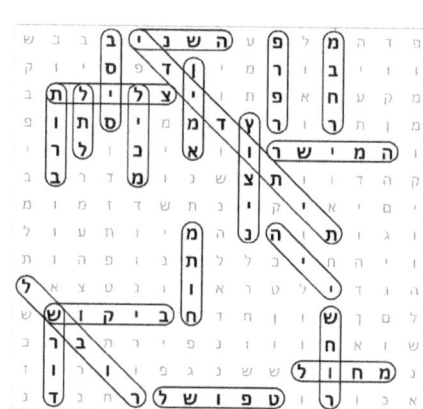

Puzzle 69

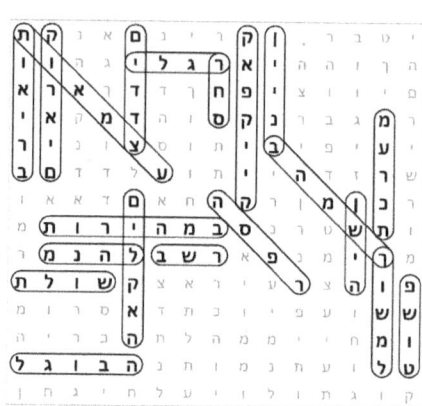

Puzzle 70

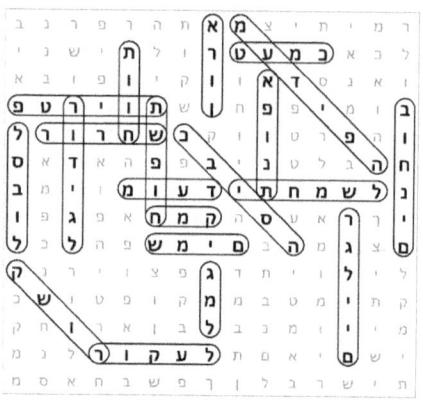

Puzzle 71

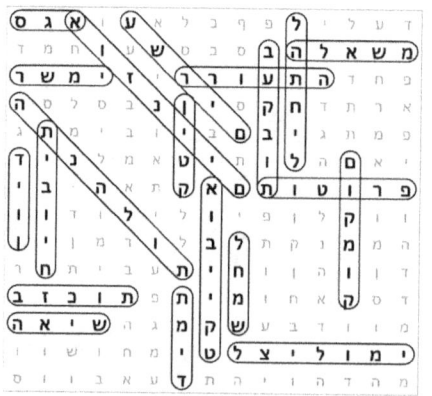

Puzzle 72

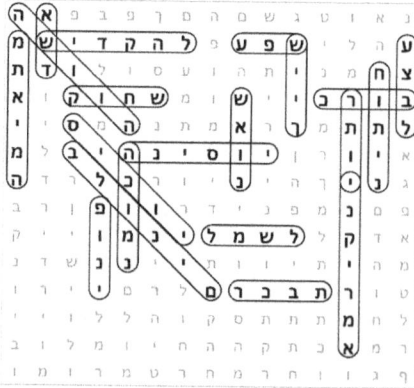

Puzzle 73

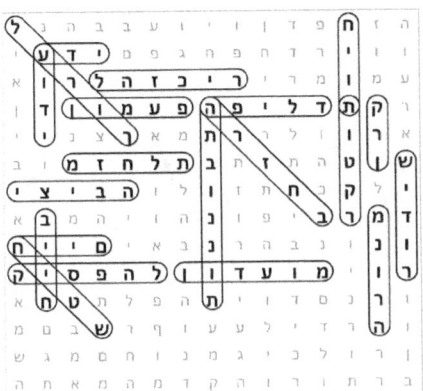

Puzzle 74

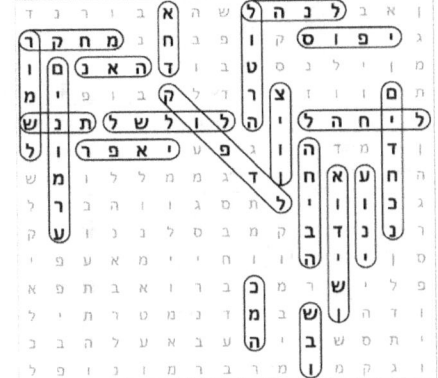

Puzzle 75

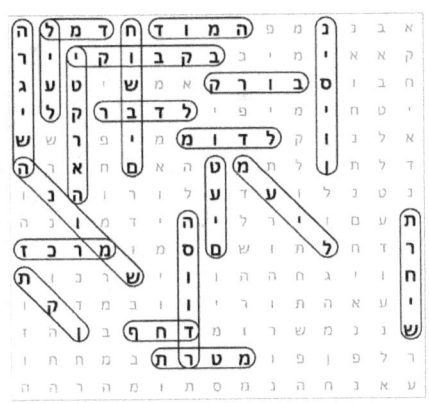

Puzzle 76

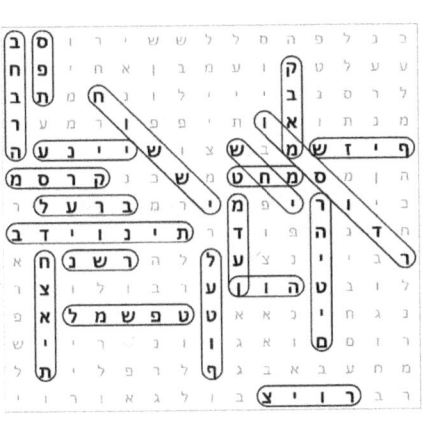

Puzzle 77

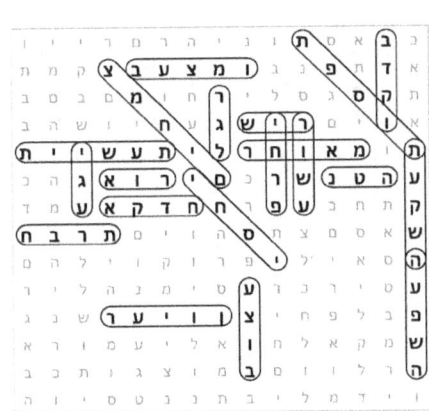

Puzzle 78

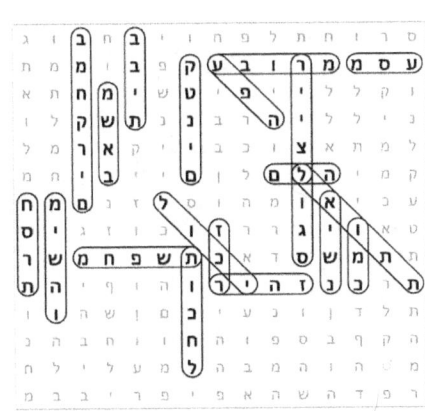

Puzzle 79

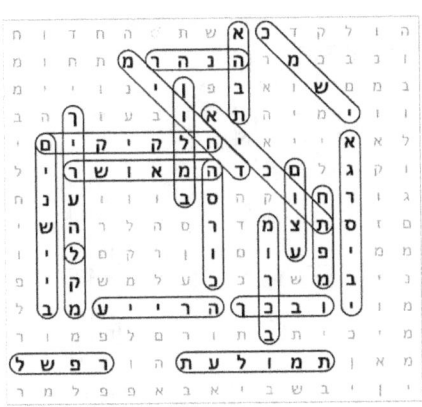

Puzzle 80

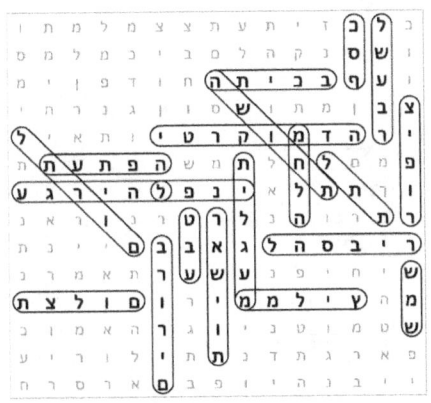

Puzzle 81

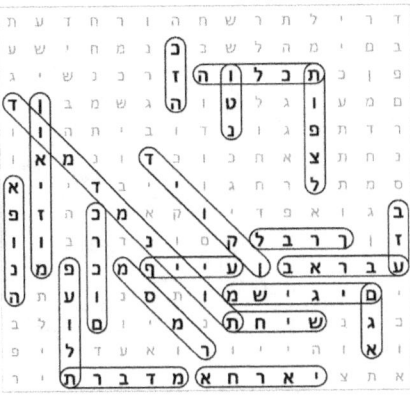

Puzzle 82

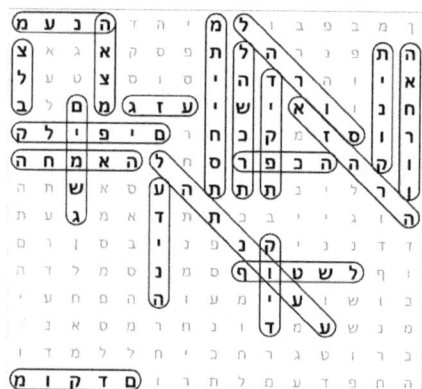

Puzzle 83

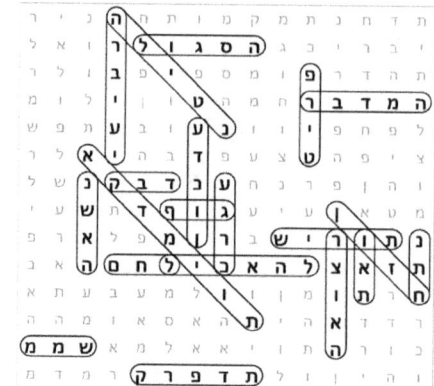

Puzzle 84

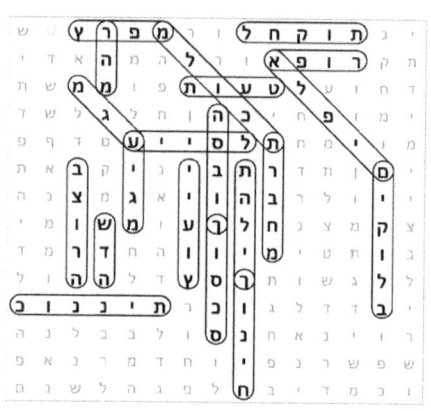

Puzzle 85

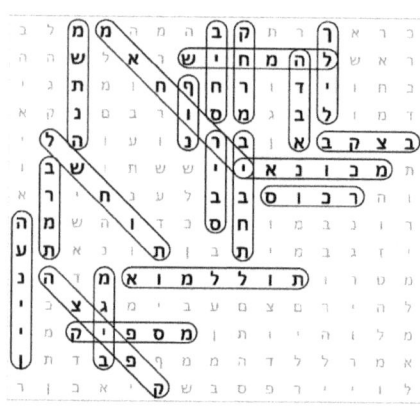

Puzzle 86

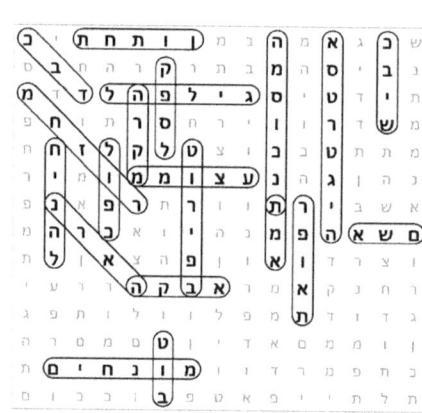

Puzzle 87

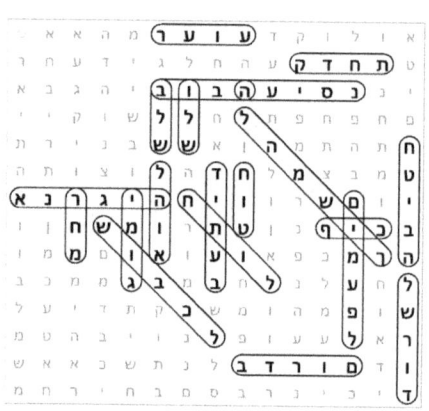

Puzzle 88

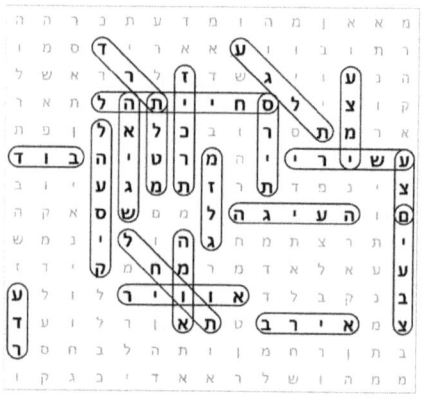

Puzzle 89

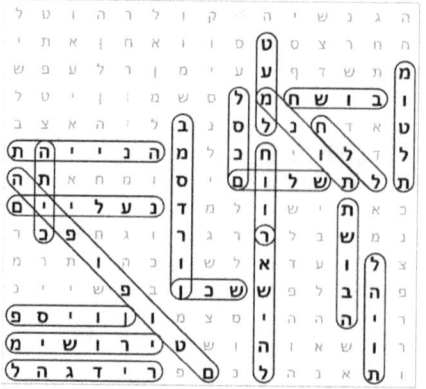

Puzzle 90

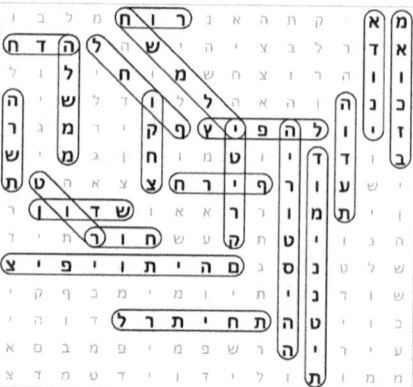

Puzzle 91

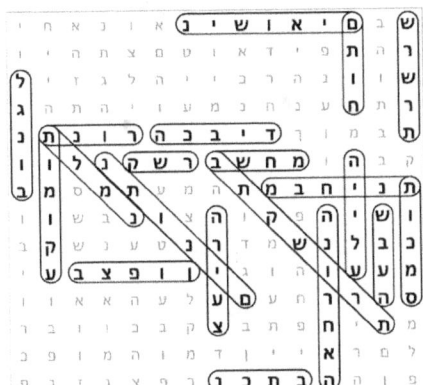

Puzzle 92

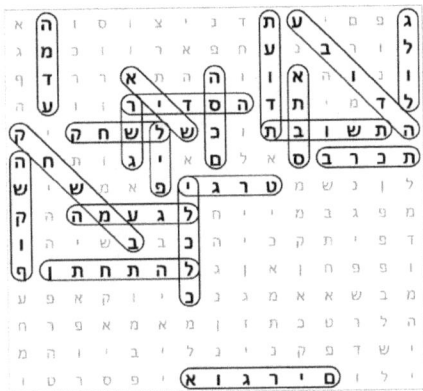

Puzzle 93

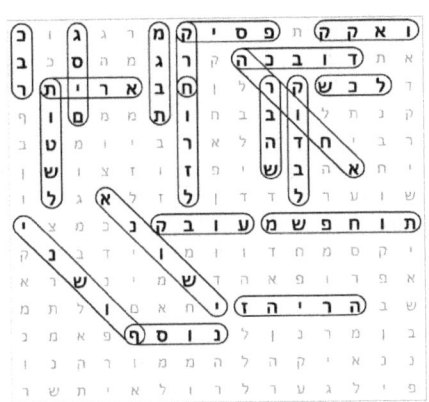

Puzzle 94

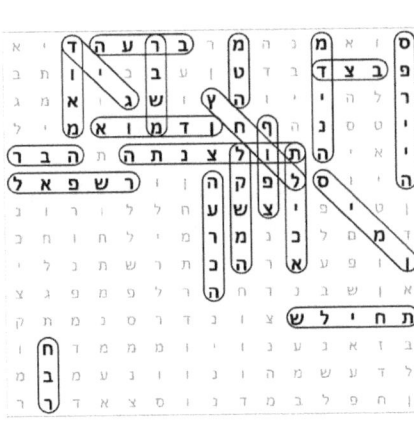

Puzzle 95

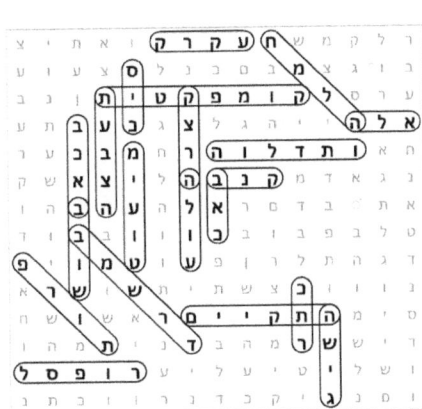

Puzzle 96

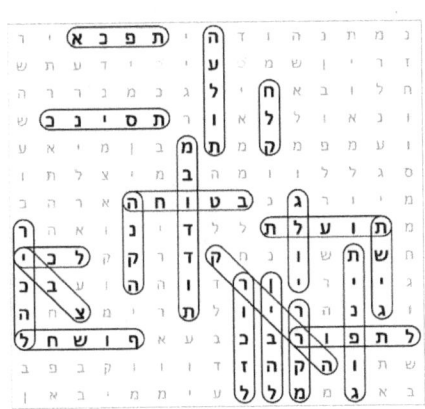

Puzzle 97

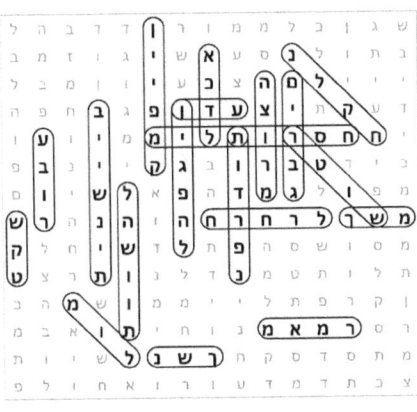

Puzzle 98

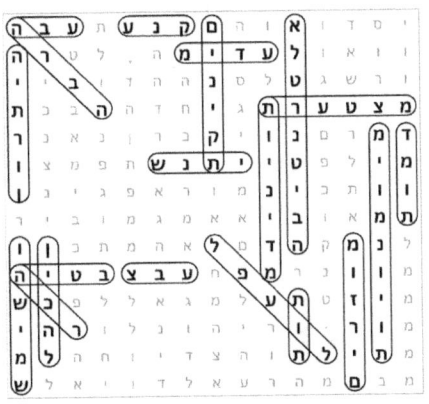

Puzzle 99

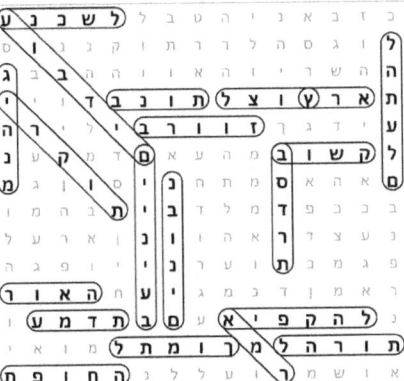

Puzzle 100

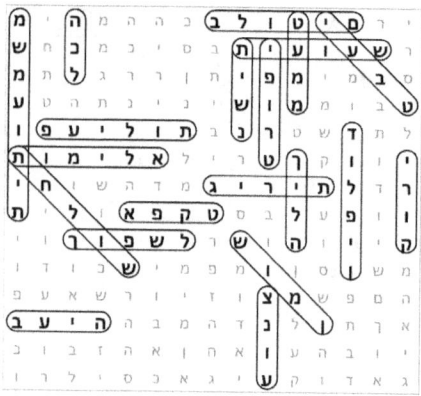

Congratulations

You made it!

We hope you enjoyed this book as much as we enjoyed making it. We do our best to make high quality games.

These puzzles are designed in a clever way to actively spark the brain and make it sharp and quick!
Did you love them?

A Simple Request

Our books exist thanks to the reviews you post on Amazon. Could you help us by leaving a review now?

Here is a short link which will take you to your Amazon orders review page.

BestBooksActivity.com/Review50

MONSTER CHALLENGE!

Challenge #1

Ready for Your Bonus Game? We use them all the time but they are not so easy to find. Here are **Synonyms**!

Note 5 words you discovered in each of the Puzzles noted below (#21, #36, #76) and try to find 2 synonyms for each word.

Note 5 Words from *Puzzle 21*

Words	Synonym 1	Synonym 2

Note 5 Words from *Puzzle 36*

Words	Synonym 1	Synonym 2

Note 5 Words from *Puzzle 76*

Words	Synonym 1	Synonym 2

Challenge #2

Now that you are warmed-up, note 5 words you discovered in each Puzzle noted below (#9, #17, #25) and try to find 2 antonyms for each word. How many lines can you do in 20 minutes?

Note 5 Words from **Puzzle 9**

Words	Antonym 1	Antonym 2

Note 5 Words from **Puzzle 17**

Words	Antonym 1	Antonym 2

Note 5 Words from **Puzzle 25**

Words	Antonym 1	Antonym 2

Challenge #3

Wonderful, this monster  challenge is nothing to you!

Ready for the last one? Choose your 10 favorite words discovered in any of the Puzzles and note them below.

1.	6.
2.	7.
3.	8.
4.	9.
5.	10.

Now, using these words and within a maximum of six sentences, your challenge is to compose a text about a person, animal or place that you love!

Tip: You can use the last blank page of this book as a draft!

Your Writing:

Explore a Unique Store
Set Up **FOR YOU!**

MEGA DEALS

BestActivityBooks.com/**TheStore**

Designed for **Entertainment**!

Light Up Your Brain With Unique **Gift Ideas**.

Access **Surprising** And **Essential Supplies**!

CHECK OUT OUR MONTHLY SELECTION NOW!

- Expertly Crafted Products -

NOTEBOOK:

SEE YOU SOON!

Delta Classics Team

ENJOY FREE GAMES

NOW ON

↓

BESTACTIVITYBOOKS.COM/FREEGAMES

www.ingramcontent.com/pod-product-compliance
Lightning Source LLC
Chambersburg PA
CBHW082104120626
46553CB00011B/3532